贝页

ENRICH YOUR LIFE

历史神话谎言

通货膨胀的真相

〔德〕马克·莫比乌斯（Mark Mobius, 中文名：麦朴思） 著

许可 译

文匯出版社

图书在版编目（CIP）数据

历史神话谎言：通货膨胀的真相 /（德）马克·莫比乌斯（Mark Mobius）著；许可译 . —上海：文汇出版社 , 2022.7

ISBN 978-7-5496-3799-7

Ⅰ.①历… Ⅱ.①马… ②许… Ⅲ.①通货膨胀—世界 Ⅳ.① F821.5

中国版本图书馆 CIP 数据核字（2022）第 110022 号

First published in German as DIE WAHRHEIT ÜBER INFLATION: WARUM GELDENTWERTUNG JEDEN ETWAS ANGEHT, WIE SIE MANIPULIERT WIRD UND WIE MAN ES DURCHSCHAUT

Copyright © 2021 by Mark Mobius

This Chinese edition published in association with Asia Literary Agency, through The Grayhawk Agency Ltd.

本书简体中文版专有翻译出版权由 Mark Mobius 通过光磊国际版权经纪有限公司授权上海阅薇图书有限公司出版。未经许可，不得以任何手段和形式复制或抄袭本书内容。

上海市版权局著作权合同登记号：图字 09-2022-0217 号

历史神话谎言：通货膨胀的真相

作　　者 /	〔德〕马克·莫比乌斯
译　　者 /	许　可
责任编辑 /	戴　铮
封面设计 /	汤惟惟
版式设计 /	汤惟惟
出版发行 /	文匯出版社
	上海市威海路 755 号
	（邮政编码：200041）
印刷装订 /	上海颛辉印刷厂有限公司
版　　次 /	2022 年 7 月第 1 版
印　　次 /	2022 年 7 月第 1 次印刷
开　　本 /	889 毫米 ×1230 毫米　1/32
字　　数 /	107 千字
印　　张 /	7
书　　号 /	ISBN 978-7-5496-3799-7
定　　价 /	56.00 元

谨以此书献给多年来所有与我在资本市场共事过的人们。

正是许多人的新颖想法和创新观念给了我灵感，

令我可以以创造性的思考方式，开启新的冒险之旅。

目 录 »

致谢 | II
前言 | III

1. 历史与通货膨胀 | 1
2. 通货膨胀数据的重要性 | 23
3. 通货膨胀是什么 | 39
4. 恶性通货膨胀是什么 | 59
5. 货币供应与通货膨胀 | 75
6. 通货膨胀的度量 | 95
7. 控制与操纵通货膨胀 | 133
8. 通货紧缩的奇妙世界 | 163
9. 结论 | 205

后记 | 209

致　谢

特别感谢安娜·冯·哈恩（Anna von Hahn），她在编辑这本书的过程中给予了非常宝贵的帮助，并帮助我阐释清楚了许多观点。我还要感谢我的出版商，特别是格拉迪斯·加纳登（Gladys Ganaden），在出版过程中为《历史神话谎言：通货膨胀的真相》做了极为周到且妥善的安排。Wiley公司一直以最优的方式处理本书的一切工作。最后，但同样重要的是，感谢我的经纪人凯莉·法尔克纳（Kelly Falconer）出色的工作表现，同时也感谢格雷姆·法尔克纳（Graeme Falconer）的支持。

前　言

通货膨胀是银行家、学者、政治领导人和普通民众长期热议的话题。自古以来，以货币计量的商品和服务的价格上涨一直广受人们的谴责。尽管各国政府不断采取行动使本国货币贬值，但每个人对阻止物价上涨的期望从未消失。

在很多时候，政府会迫于民众的压力采取严厉的措施，比如禁止物价上涨以及惩罚违反禁令的人。1971年，美国总统理查德·米尔豪斯·尼克松（Richard Milhous Nixon）宣布冻结全美一切价格和工资水平。他的继任者杰拉尔德·福特（Gerald Ford）也向民众分发了印有"立即制止通货膨胀"（Whip Inflation Now）口号的徽章。总统候选人罗纳德·里根（Ronald Reagan）也随后宣布，通货膨胀"像抢劫犯一样暴力，像武装抢劫犯一样可怕,像杀手一样致命"。

到了 2020 年初,情况似乎发生了转变。央行官员和经济学家们担心,通货膨胀正在消失,我们甚至可能已经进入了通货紧缩的时代。这些专业人士致力于提升通货膨胀率,因为他们认为不低于 2% 的通货膨胀率能保持经济体健康并促进经济增长,但是他们所采用的方法并未奏效。多国央行采取了大幅降低利率以及"量化宽松(Quantitative Easing, QE)"(即"增印钞票")等手段,通过购买债券甚至股票(以日本央行为例),将更多货币注入经济系统,但均遭遇失败。

那么为什么这些获得普遍认同的理论现在不起作用了呢?例如,著名的菲利普斯曲线理论(Phillips Curve Theory)——通货膨胀率和失业率之间存在反比关系,似乎就不再奏效了。一些央行官员曾信誓旦旦地表示就业率上升会引起通胀水平提高,现在这些言论已被证明是错误的。好消息是欧洲央行(European Central Bank, ECB)前行长马里奥·德拉吉(Mario Draghi)和英格兰银行行长马克·卡尼(Mark Carney)等央行官员纷纷发出警告,表示人们之前对经济政策的理论共识已经站不住脚了。美国联邦储备委员会(US Federal

Reserve Board）主席杰罗姆·鲍威尔（Jerome Powell）说，通货膨胀是"我们时代的主要挑战之一"。他此言所指向的并非过高的通货膨胀水平，而是过低的。时代真的不一样了。

各国央行和政府都在问自己一个同样的问题：在降低利率（截至2020年，各主要经济体的利率要么低于1%，要么像欧洲和日本那样为负值）和向经济中注入流动性的措施都不起作用时，什么样的手段能提高通货膨胀率呢？

这些经济实践和理论转变背后的一个主要原因是技术进步的加速，它不断推动生产力的发展，后者又反过来降低了商品和服务的成本，即使政府通过增印钞票来使本国货币贬值，成本依然是减少的。这种技术变革的最佳例子大概便是亚马逊和类似的线上购物公司了，他们推动了零售成本的下降，并消灭了传统"线下"零售的许多环节。研究表明，线上商品的价格从2012年起稳步下降，甚至低于千禧年前后的价格。而所谓的"亚马逊效应（Amazon Effect）"也并不限制于亚马逊这一个平台，我们可以看到，在交通（Uber）、酒店（trivago.com）和旅游（opodo.com）等行业也存在同样的现象。但价格下降的推动力量除了来自在零售领域直接面向公众的组织，还来源于生产者层面——自动化、工作流程编程和许多其他创新方面的改进也在不断推动生产成本的下降。手机的发明仅仅是通信价格暴跌的开始，而后随着网络电话和更快、更便宜的智能手机的发明，通信成本的下降趋势也得以延续。

当然，技术革新带来全新的、创新的或有明显改进的产品如雨后春笋般涌现，使得通货膨胀统计数据收集者不得不一直处于窘境，也使得衡量通货膨胀成为了一项不可能完成的任务。经济学家奥斯坦·古尔斯比（Austan D. Goolsbee）和彼得·克莱诺（Peter J. Klenow）的研究发现，即使抛开服装类商品不计，记录在 Adobe Analytics 数据库中的线上销售商品里，有 44% 的商品在一年前并不存在。仅仅是新商品进入市场的净值这一项数据，就能导致每年的居民消费价格指数（Consumer Price Index, CPI）对真实的通货膨胀率估计过高，高估 1.5 到 2.5 个百分点。他们还发现，在 2014 年 1 月至 2019 年 6 月期间，床上用品和家具的线上价格下降了约 12%，但官方发布的居民消费价格指数只下降了 2.1%。

而更重要的是，免费服务的大量涌现使任何衡量通货膨胀的努力完全失去了意义。我现在可以在世界任何地方进行视频通话，免费获取任何方面的信息，并免费翻译不同语言。而在 10 年前，甚至 5 年前，这些服务会有可能是免费的吗？这些服务又会花费多少钱呢？埃里克·布林约尔松（Erik Brynjolfsson）和他在麻省理工学院的研究小组试图衡量各种免费在线服务对用户的价值：他们暂时不向受访者提供这些服务，并询问受访者愿意花多少钱来重新获得这些服务。在询问了几位受访者后他们发现，举例来说，拥有 WhatsApp 的价值对受访者来说大约是 600 美元，若一年不使用免费在线搜索引擎的话，人们平均希望得到超过 17,000 美元的补偿。

美联储（Federal Reserve）的大卫·鲍恩（David Byrne）和世界大型企业联合会（Conference Board）的卡罗尔·科拉多（Carol Corrado）构建了一个数字接入服务指数，这一指数显示了互联网服务的价格在 2007 年至 2017 年间下降了 21%，而互联网接入的官方价格指数则显示价格上升了 4.5%。

通缩现象出现的另一个因素是全球贸易的蔓延。尽管美国和中国之间爆发了贸易战，但世界贸易量依然稳步上升。然而，受新冠疫情危机的影响，在2020年前，这一趋势出现了暂停的情况。根据世界银行的数据，在1990年至2018年间，贸易在世界国内生产总值（Gross Domestic Product，GDP）中所占的比重从39%增长到59%。这种贸易量的爆炸性增长引起致力于降低生产和分销成本的全球性竞争，同时也极大地加快了信息交换，刺激了创新和变革的出现。通货紧缩逐步蔓延，覆盖全球。在美国石油从业者发明从岩石中提取石油和天然气的创新性水力压裂工艺后，全球石油价格随即下跌——但即使美国使用这一创新工艺方法进行生产，依旧比沙特阿拉伯的生产成本更昂贵。

在这本书中，我想阐述以下几个观点。

第一，世界各地的政府对通货膨胀的统计数据都有极大的兴趣，因为价格上涨会激发选民的政治反应。政府的兴衰往往取决于民众对自己所消费的商品和服务的价格的看法。正因如此，政府会尽力对通货膨胀进行衡量。在这个过程中，他们会进行简化、概括，甚至有时会伪造或试图采取行动来控制通胀数字，例如对各种产品和服务进行价格控制等手段，所以，人们无法获悉实际的价格变化，从而导致黑市和短缺情况的出现。

第二，人们对通货膨胀的衡量存在严重缺陷，其中的原因并不在于勤勤恳恳收集世界各地商品和服务价格统计数据的人员工作不合格或不忠于他们的职业，而是因为他们是在"瞄射不断移动的目标"（指每分钟都在变化的价格），此外，他们试图衡量的这些商品和服务的性质也在不断变化。在构建一个能够涵盖各类价格并反映整个群体购买习惯的指数时，"简化"是一项艰巨的任务，并且其结果注定是充满缺陷的。

第三，从历史上看，所有发行货币的政府都在贬低它们的价值，而货币是监测价格变化的衡量标准。金币、银币、锡币、铜币、贝壳、纸币和其他各种形式的货币都曾作为这种衡量标准出现，但都因为贬值而被淘汰。货币是由人类创造的，因此可以被人类控制贬值或升值，使其价值高于或低于市场认为的价值。因此，一单位的货币在不同的时间点的价值，在买方或卖方眼中也会有所不同。关于这一点我需要指出：在本书中，我们一直使用"通货膨胀"一词来论述，但每次这个词其实都应该用"货币贬值"来代替。所谓的"通货膨胀"实际上是货币购买力的一种折损。

第四，技术和自动化的进步导致许多商品和服务的

成本持续下降。同时，每年都有大量全新的创新产品进入消费舞台，改善世界各地人们的生活。

第五，以货币计算的收入或消费者的购买力在不断变化。事实上，在历史上的大部分时间里，以上两点都倾向于与价格的上涨相匹配。因此，尽管一些商品和服务看起来呈现出通货膨胀现象，但对比消费者的收入状况而言，这些商品和服务实际上是越来越便宜了。

如果你考虑到了上述所有内容，我相信你也会同意我的观点，即我们对通货膨胀的理解至少可以说是缺陷最少的。我甚至会更进一步这样讲：在我看来，通货膨胀的概念是一个迷思、一个传说、一个寓言，是的，某种意义上来说，它是一个谎言。我们今天所经历的，实际上是由创新和自动化驱动的通货紧缩螺旋。这种通货紧缩现象将继续存在，并将继续提高我们的生活水平。

欢迎来到通货紧缩的美妙世界！

1
历史与通货膨胀

我对通货膨胀的兴趣始于2007年发生的一次事件。当时，阿根廷国家统计局INDEC消费者价格方面负责人格拉谢拉·贝瓦奎（Graciela Bevacqua），因不愿满足总统克里斯蒂娜·费尔南德斯·基什内尔（Cristina Fernández de Kirchner）政府对机构下达的伪造通货膨胀统计数据的要求，而遭到解雇。随后，国际货币基金组织（IMF）向IMF执行董事会提交了一份针对阿根廷的报告，由于此报告或将导致阿根廷受到谴责并被逐出国际货币基金组织，该事件也因此成为全球性事件。阿根廷官方数据显示，该国的通货膨胀率为10%，但多达9家私人机构提供的独立数据表明，实际通胀率是这个数字的两倍以上，介于25%至30%之间。政府不遗余力地压低数字并愚弄公众，是为了应对由物价上涨引发的对基什内尔政府的大规模抗议活动。国际货币基金组织主席克里斯蒂娜·拉加德（Christine Lagarde）宣称，如果阿根廷不开始编制可靠的统计数据，她将会对其发出一张"红牌"。对此，基什内尔在联合国大会上发言说"阿根廷并非一支足球队，而是一个主权国家，不会接受任何威胁或压力……在将足球与经济和政治相比较的游戏中，我会说，国际足联主席远比国际货币基金组织执行委员会主席更成功、更令人满意"。当然，此言论发布时，国际足联理事会猖獗的腐败情况还未被披露。2007年，基什内尔政府不仅解雇了格拉谢拉·贝瓦奎，还对她进行了罚款并指控她贪污。格拉谢拉站出来宣称，她的上级曾要求她在通货膨胀的计算中删除小数部分。美国统计协会（American Statistical Association）对其同行业工作者在阿根廷遭受的迫害提出抗议，但仍无济于事。格拉谢拉被撤职了。本书后面将对此事件做进一步阐述。

通货膨胀的历史

经济学家弗里德里希·哈耶克（Friedrich Hayek）曾经写道："如果说历史在很大程度上是一部关于通货膨胀的历史，我不认为是夸大其词……"世界各地的历史均可以被如此看待，如20世纪20年代初德意志魏玛共和国的恶性通货膨胀，1989年柏林墙倒塌后东欧的通货膨胀，20世纪70年代许多西方国家发生的滞胀，以及20世纪60年代日本经济奇迹般幻灭后所经历的通货膨胀。

对我们来说，了解关于"通货膨胀""通货紧缩""恶性通货膨胀"等这类信息流的后果，及其对政府、商业和投资的决策会产生何种影响是十分重要的。我们想要探究通货膨胀/通货紧缩统计信息流的影响，以及它们为什么会有如此大的误导性。

通货膨胀数据重要性的说明

自从18世纪初最早版本的价格指数问世以来，对通货膨胀的度量和对其增长进行控制的努力就变得越来越突出。第二次世界大战后，充分就业被视为经济政策的主要目标之一。但在接下来的40年里，"物价稳定"将这一目标取而代之，成为政府和中央银行的主要经济目标。如前所述，罗纳德·里根在20世纪80年代将通货膨胀的威胁描述为"……像抢劫犯一样暴力，像武装抢劫犯一样可怕，像杀手一样致命"。1991年，时任英国财政大臣的诺曼·拉蒙特（Norman Lamont）面向下议院做出了如下发言，展示了现代政府的优先事项：

"……不断上升的失业率和经济衰退现象，是我们为降低通货膨胀不得不付出的代价。但这个代价是非常值得的。保持低通货膨胀仍然是货币政策的核心。"

世界各国的中央银行负责将通货膨胀率保持在一个商定的水平。例如在英国，每年财政大臣都会致信央行行长确认通胀目标。如果通胀率偏离这一目标的程度超过1%，央行行长则必须致信财政大臣，解释通胀目标为什么没有达成，以及央行将会采取什么措施来纠正这种情况。

当然，价格不稳定不仅是政府面临的问题。对于投资者来说，与通货膨胀率有关的信息会在他们决定钱的投向时起到重要作用。从道理上看，通胀水平上升会导致储蓄和投资的价值缩水，除非利率和投资回报能够跟得上通胀水平的上升。每个人都会受到影响，影响范围覆盖了从银行账户中的个人储蓄，到养老基金的投资等方方面面。

长棺材

英格兰银行（Bank of England）的中心有一个小型庭院花园，这是现任行长的领地。起初，这个花园是一块墓地。1734年，英格兰银行搬到了针线街（Threadneedle Street），此后银行的规模迅速扩大，收回了隔壁的教堂，将其改为俗用，随后对其进行了拆除。不过，人们决定将教堂中原有的墓地保留下来。到20世纪20年代和20世纪30年代，银行需要再次重建，花园庭院因此被挖开，露出了几口棺材，奇人威廉·詹金斯（William Jenkins）便长眠于其中一口棺材之中。詹金斯于18世纪末在英格兰银行工作，他身高高达6英尺7.5英寸[1]，由于他的朋友们担心詹金斯的尸体会被盗卖，因此将他埋在了花园庭院里。詹金斯的棺材实在是太大了，以至于当它被移到南海德公墓（Nunhead Cemetery）时，不得不被放在地下墓穴中，因为这个棺材的尺寸太长了，难以放入坟地墓穴。

与此同时，在翻新的过程中，修复后的花园被种上了桑树。选择种植这种树的原因有二。首先，因为英格兰银行的金库（内有大约40万根金条）位于其正下方，出于实际考虑，桑树的根是水平生长的，而不是直接插入地下的，这种根茎就显得非常合适。其次，也是更具有象征意义的原因是，桑树在货币的历史上扮演了重要的角色。早在7世纪的中国，桑树的树皮便被用来制作最早的纸币。俗话说，钱不是长在树上的，但在早期的中国，钱确实来自桑树。而在这样的纸币面世以后，通货膨胀也接踵而至了。

---

[1] 约201.93厘米。——译者注（如无特殊说明，本书注释均为译者注。）

马可·波罗与货币

1271年,旅行家、探险家马可·波罗整装启程,前往忽必烈(又称忽必烈汗)的宫廷。同年,忽必烈建立了元朝并成为中国的一国之君。波罗花了4年时间才抵达位于上都的忽必烈宫廷,在此期间也发生了许多事件,包括1273年襄阳城被忽必烈的军队攻破一事——这也仅是波罗参与的众多事件之一。波罗将所有这些经历,以及他对忽必烈宫廷的印象,都写进了一本在法国被称为《奇迹之书》(Le Livre des Merveilles)的书中,而这本书的英文版书名则十分简单,名为《游记》(The Travels)。

马可·波罗对中国的许多事情感到惊奇,其中就包括元朝时期对纸币的使用。他写道:"皇帝的铸币厂位于汗八里城,通过厂内的设置,可以大概看出皇帝对炼金术了如指掌。"波罗也详细描述了他口中的"大汗"是如何制作纸币的:"他让人从树上剥下树皮,准确地说,是从桑树上剥下,桑树的叶子则留给蚕食用。然后将树皮和木材之间薄薄的一层韧皮纤维去除,在树皮经过研磨和捣碎工序之后,再被加入胶水,压成像棉纸一样的薄片，薄片通体呈现黑色。在备好这些薄片后，再将其切成不同大小的碎片，但均呈长方形，长度大于宽度。它们被制作得极富权威性和庄严感，就像用纯金或纯银铸造的一样……当一切都做好时，由皇帝指派的官员主管会将委任印章在朱砂中蘸一下，然后印在薄片式的钱上，这样，蘸过朱砂的印章就会在钱上留下印记，这种钱便成了法定货币。"

波罗对纸币的热情证明了中国对货币政策的理解与同时代的西方相比是多么领先。直到17世纪，欧洲才开始使用纸币。但这个令马可·波罗印象深刻的事物，对中国来说并不是什么新玩意儿。事实上，纸币的概念源自几百年前——公元618至公元907年的唐朝。唐朝的商人和政府官员在城市之间转移货币时，会使用印在纺织品上的"汇票"。这种票据被称为"飞钱"，因为钱能够"飞"回来，整个过程中，人们无需使用铸币或黄金。

但是，在这个概念面世后不久，通货膨胀也随之出现了。1023年，政府推出了"交子"（一种兑换凭证）的官方版本，并规定这种纸币可以兑换成铸币。然而，由于战乱对政府财政造成了压力，政府印刷了更多的交子，使纸币相对于其对应的铸币贬值了，最终导致通货膨胀水平急剧上升。到1107年，交子的总量达到了最初发行时的20倍。这也最终导致了这种纸币被国家收回，并被一套新的纸币系统所取代。此后，为了避免新一轮的价格上涨，政府规定在印发新纸币时，必须按一定比例增加铸币的储备。

到了12世纪60年代，统治中国的南宋王朝又增加了一项规定：所有纸币每隔3年便要全部回收一次，并按其面额兑换成铜钱。这一制度维持了多年，直到再次出现为军事活动提供资金的需要时，规定才被再度放宽，纸币印刷也因此二次兴起。在马可·波罗旅行时，当时统治中国的元朝已经发行了国家法定纸币，即国家担保这种纸币可以兑换成白银，同时禁止在贸易中使用铸币，从而迫使人们使用新的货币。

金币与银币

这一系统在一段时间内（且在马可·波罗访问期间），都是有效的。但随着蒙古帝国的扩张，货币规则并没有始终被贯彻执行，最终，一些地区再次开始使用金币和银币。与以往的朝代一样，额外印制纸币来资助军事活动是政权结束的预兆。明朝是元朝的后一个朝代，建立于1368年，持续统治中国277年之久，直到17世纪中叶覆亡。这个由明太祖朱元璋领导的新政权，首先将货币供应恢复为铸币的形式（朱元璋在1361年尚未登基之时便下令建造新的铜币铸币厂）。铜币随后成为唯一的货币，直到1375年，由于金属铜供应的匮乏，明朝又恢复了对纸币的使用，但铜钱依然在市场上流通。直到14世纪末明朝第三位皇帝明成祖朱棣即位后（永乐年间），才成功地废止了铜钱的使用。明成祖的这一决定也是出于为军事行动提供资金的目的，考虑到以前中国历代统治者的做法，这也许并不令人感到惊讶。

在朱元璋和朱棣执政期间，纸币的使用都伴随着价格持续上涨的特征。正如贺力平在《超级通货膨胀世界史》(*Hyperinflation: A World History*)中言，在这50年间，大米的价格每年上涨6.6%，而在仅使用纸币的永乐年间，大米价格更是每年上涨达11%。除大米外，金、银、铜和谷物的价格也在大幅上涨。这一问题引发的结果是，1435年纸币被完全弃用，铜币被重新铸造出来，在明朝后续的统治时间里也维持了这一状态。银币的流通量也在增加，政府允许人们使用银币支付土地赋税。在这一时期，中国与世界其他地区的贸易量亦有所增长，这段时间内的交易便是使用银币支付的。

不仅明朝没有恢复纸币使用，其后一个朝代——清朝，在200多年的统治期内，也几乎摒弃了纸币制度。不过1651年至1661年和1853年至1861年间这两段时期是例外，这两段时期对纸币的使用都是为了资助军事活动。在1853年至1861年间，咸丰皇帝试图通过建立钱庄系统来克服以前的问题。咸丰帝当时的想法是，拥有纸币的人可以将纸币换成银票，而银票又可以换成银币或铜币。从理论上讲，这种可兑换性应该能够使纸币的价值得到确定，并增强人们对纸币的信心。然而在实践中，钱庄并没有按照铸币或银票的全价进行纸币兑换，而是在大幅折价后才兑现。

如今，明朝纸币已然成为一种历史文物，大英博物馆展出了一件明朝纸币藏品，BBC系列节目《大英博物馆世界简史》（*A History of the World in 100 Objects*）中对它也有所提及。大英博物馆馆藏的纸币价值1000个铜钱，这张纸币在设计上也以图画形式显示了它所代表的铜钱数量。从实用的角度来看，这显然是一个很大的进步：这张纸币相当于3千克的铜钱或1.5米长的铜钱串（当时的中国铜钱中部设有一个供绳子穿过的孔洞，将全部铜钱用一根绳子串起来，便可以以绳子的长度计算钱币数量），但这只是它在理论上的价值。在纸币发行15年后，这张面值为1000的纸币只值250枚铜钱。而且，虽然当时政府声称"只要出示纸币，就能兑换铜币；只要发行纸币，就会认缴铜币"，但政府超额印刷纸币的冲动行为却使这一规定难以执行。纸币藏品上印有"永久流通"的字样，这在今天看来，反而像是历史上一个失败的系统所敲响的警钟。

货币与信任

前英格兰银行行长默文·金恩（Mervyn King）在接受BBC某系列节目采访时说："货币的发明是为了解决对其他人的信任问题。但问题是，你能信任发行货币的人吗？"在被问及纸币系统是不是天然地具有缺陷时，金恩的反应出奇地谨慎："如果你在四五年前，也就是在金融危机之前问我这个问题，我会说不是。但我认为我们现在已经解决了纸币管理的问题。"或许，考虑到金融危机的情况，我们应该更谨慎一些。

或许可以引用另一位中国伟人周恩来的话,当被问及法国大革命的影响时他回答道:"现在下结论还为时过早。"

也许我们会说,在纸币诞生的700年后的现在,谈论纸币的这些问题还"为时过早"。关于纸币和通货膨胀的问题,实际上是一个更广泛的问题:随着时间的推移,没有一种货币能保持其价值。这一问题是实际存在的,而在需求出现(或在某些情况下,贪念渐起)时,各类政府都无力抵制扩大货币供应量的诱惑,也愈加深化了这一问题。我在本章节以中国为例进行说明,这是因为纸币是在中国首先发展起来的,但其他任何经济体中也可以看到同样的情况。

多年来,奥地利学派经济学家弗朗茨·皮克(Franz Pick)对世界各地的货币进行了研究。我记得我曾收到他的年度货币年鉴,其中包含了关于世界上所有货币的信息。他一生都致力于货币的研究工作。他曾这样说:"没有一种货币能保持其价值。"同时,他相信黄金是货币的最佳基础,这是因为从他的经验和研究成果可知,如果缺乏特定的商品(如黄金)作为基础,政府总是会将本国货币贬值。

对贬值的渴望

早在纸币面世之前,政府对增加货币供应的渴望便存在了。铸币的概念可以追溯到大约公元前8世纪,历史上,小亚细亚(现土耳其)的吕底亚王国便开始使用铸币了。那里黄金储备丰富、冶金工艺发达,因此,孕育出了一种标准化的金币系统。因比金条更为实用,在接下来的几个世纪里,金币的使用范围逐步扩大。但在那不久之后,随着金币的普及,各国政府为了自身利益,纷纷寻求各种操纵货币的方法。与最早使用纯金与纯银铸币不同,政府会下令降低贵金属的价值,或者混入其他金属降低其成色,再或者直接减少它们的重量。

公元前4世纪,统治西西里岛希腊殖民地锡拉库萨(Syracuse)的暴君狄奥尼西奥斯(Dionysius)灵机一动,想要通过改变当地所有德拉克马币(Drachmae)的币面价值来应对不断高筑的债台。他下令收回所有的铸币,并将每枚德拉克马币重新铸印为原来的两倍价值(一举令自己的债务减半)。接着,他又发行了一套锡币,并坚称这些锡币的价值与银制德拉克马币的价值相同。

狄奥尼西奥斯的行为可以算得上是统治者出于利己

目的增加货币供应的最早的例子,或者至少是最早的这样做的统治者之一。回看中国,王莽——西汉王朝的第13位皇帝(或者说是新王朝的建立者,取决于读者所持的历史观)的短暂统治生涯即是因推行经济改革而终结的。

王莽在公元9年称帝,但在他即位之前已代理皇帝政务长达两年——当时的正牌皇帝汉平帝尚年幼,王莽随后趁此机会自己称帝。王莽在位时间并不长(驾崩于公元23年),但他即位后便着手制定了一系列严格的货币改革。在最初执政的几年中,王莽将黄金收归国有,并命令民众上交黄金以换取他发行的新币种。此外,王莽禁止使用一切私人铸币,使用这类铸币的人会被判入狱。此规定发展到后期,若有人知道其他人在使用其他铸币但没有上报,则这个人也会被收监(有多达10万人因这样的规定而入狱)。

而王莽自己发行的货币(新铸币),与其所取代的旧货币相比,明显价值更低:若与黄金铸币相比,那么新铸币的价值几乎只有原货币的一半。此外,王莽的货币政策中,铸币的种类也十分复杂,共计发行了28种面值的铸币。根据贺力平的描述,这些行动与其说是为了减少债务，不如说是为了剥削富裕的贵族来巩固王莽的政治地位。虽然他在这方面可能取得了一些成功，但通货膨胀很快出现，这一点可以从遗留下来的该时期的历史文件中推断出来，比如米价在一年内上涨了4倍。尽管王莽做出了最大的努力，他的臣民还是停止了对官方货币的使用，转而使用黄金和前政权的铸币。

古罗马帝国的货币贬值

历时最长的货币贬值进程之一发生在古罗马帝国时期。最初，奥古斯都（Augustus）大帝铸造了奥里斯金币（Aureus）和第纳尔银币（Denarius）两种形式的古罗马币，但后世的几位帝王不断将其贬值，直至它们几乎一文不值。公元1世纪，尼禄（Nero）开启了这一货币的贬值进程，他减少了铸币中银的含量，并将基础金属的含量提高到10%。在同一世纪后期，图拉真（Trajan）皇帝进一步减少了第纳尔银币中银的含量。这个过程一直持续到安东尼（Antony）统治时期，此时第纳尔银币中银的含量已经下降到5%。到一个世纪后的伽利埃努斯（Gallienus）统治时期，第纳尔银币中银的含量再度减少，仅为奥古斯都统治时期的五分之一。由于无法再以任何有意义的方式进一步降低银的含量了，因此伽利埃努斯的继任者奥勒良（Aurelian）将新铸币的面值提高了 2.5 倍。这种贬值方式带来了两方面结果：首先，民众选择继续持有早期货币，尤其是金币，因为他们知道其他替代货币的价值会不断下降。其次，罗马帝国遭遇了严重的通货膨胀。正如王莽统治时代货币贬值导致了大米价格上涨一样，古罗马的货币贬值也导致了小麦价格的上涨。例如，埃及的小麦价格在公元 1 世纪和公元 3 世纪之间上涨了 32 倍，又在接下来的 30 年里继续上涨了 44 倍，并在随后的 10 年里，以每年 24% 的速度持续上涨。此外，人们的实际工资亦有所下降，士兵的薪资越来越多用食物和衣服的形式抵付，而非直接支付现金。经济管理不善即便不是唯一因素，也是古罗马帝国不可避免地最终走向崩溃背后的众多原因之一。

英格兰的货币贬值

在一千多年后，同样的错误再次出现，这次铸下大错的是 1509 年至 1547 年间统治英格兰的国王亨利八世。因出现财政问题，亨利八世在其统治末期做出了贬值货币的决定。整个贬值过程始于 1536 年，亨利八世将爱尔兰地区银币的贵金属含量调整为早期银币的90%。由于第一次货币贬值行动没有引起什么注意，亨利八世及其继任者便多次故技重施，亨利八世本人总计进行了六次货币贬值，其继任者爱德华六世也在任期内进行了六次贬值，随后玛丽一世和伊丽莎白一世还分别对银币进行了两次重铸。在1544年至1551年亨利八世与爱德华六世统治时期，货币的贬值过程最为迅猛，因此得名"大贬值"时期。在这一时期结束时，银币的实际价值已降至其先前价值的四分之一。通货膨胀率也毫不意外地继续增长：在16世纪30年代和16世纪40年代，通货膨胀率相比前20年增长了约29%；而在随后的20年里，通货膨胀率增长到91%。有证据显示，当时的民众也同样选择坚持使用早期的未贬值铸币，因为他们知道这些铸币的价值更高。

贝壳与货币

正如英格兰银行花园庭院中种植的具有象征意义的桑树一样，比利时国家银行博物馆也藏有本国货币历史文物——子安贝壳（贝币）。事实上，子安贝是一种生活在印度洋和太平洋温暖水域的海螺。它的壳很小，呈蛋形。在纸币和硬币出现之前，中国更早期的货币形式便是贝币。在20世纪70年代末，考古学家郑振香在殷墟（公元前1766年至公元前1045年商朝旧都遗址）进行考古发掘时，发现了女将领妇好之墓，该墓也是中国考古领域最重要的发现之一。妇好墓由一个20米长的木椁室、木棺和16具殉人组成。除此之外，墓中还发现了数百件祭祀用品、玉石、骨雕，以及7000多枚贝币。妇好墓并不是唯一能证明贝壳曾用作货币使用的证据。人们在一件周朝（商朝后的朝代）青铜酒器上发现了一条铭文，该铭文讲述了工匠制造这件独特工艺品所获的报酬，其大意为："我得到了30串子安贝壳，为此，我为主公制造这件珍贵的器皿。"除此之外，中国商代的货币符号也是一个贝壳形状的象形文字。这个"贝字旁"（一个内部有两条横线和两只脚的长方形），现在是许多与货币有关的中文词汇的偏旁，包括"财"宝、"质"押品、"财"富、"购"买和"贩"卖等。

虽然贝币看起来似乎是一种原始的货币形式，但在许多方面，却是一种极为有效的交易单位。它们便于携带，不易腐烂而且尺寸规范。并且，与后来的硬币和纸币不同的是，贝壳不容易被掌权者操纵：当经济不景气时，人无法使贝壳贬值，也无法印制更多的贝壳。安阳附近的商代墓葬中发现的贝壳来自印度洋，这在当时是很遥远的距离。而在邻近的黄河流域中，子安贝壳几乎绝迹。这意味着，与后来流通的硬币和纸币不同，贝币供应基本上是固定的。子安贝壳在作为财富单位时，能够保持其自身的价值。

商朝并不是唯一一个使用贝壳作为货币形式的文明：直到19世纪中叶前，非洲西部地区都一直在使用贝币。印度奥里萨邦（Orissa）也曾使用贝币，直到19世纪初英国东印度公司用其他货币将其取代。美国太平洋沿岸的美洲土著人亦使用贝币。在南太平洋岛屿上，小贝壳被研磨成所需的大小，用来制造贝珠货币。在早期的中国，随着经济规模的增长，以贝币作为货币系统的格局终被打破，这是由于贝壳产出的速度已经跟不上经济增长的步伐了。后来，商代墓葬中发现了仿制子安贝壳形状的青铜器，而这实际上就是世界上最早的铸币形式之一。

总结

我们可以看到，通货膨胀的历史与货币贬值的历史密切相关。在本章中，我们遇到了度量通货膨胀的第一个问题：如果货币不断地被发行它们的政府贬值，我们如何用货币来衡量通货膨胀？有没有可能创造一种供应量固定的货币形式，使其能够保持自身价值？能否创造出一种不受政府需求影响、人们可以绝对信任的货币，作为财富的来源？解决上述问题的一种可能的尝试是创造所谓的加密货币，以比特币为突出代表。但是，即使有了制作加密货币的技术，通过复杂计算或其他不透明操作产生新供应（新货币）的能力，依然使这一技术显得十分不可靠。加密货币相对主权货币的价格波动巨大，亦为其不稳定性埋下了伏笔。

2 通货膨胀数据的重要性

通货膨胀统计数据是世界各地政府和企业所使用的最重要的统计数据之一，它为工资结算、铁路票价、水费、养老金和许多其他与数百万人生活息息相关的问题提供了一项数字基准。事实上可以说，中央银行将其获取的通货膨胀数据放到了几乎至高无上的地位上。因此，只要通胀率数据上升，银行便会提高利率，因为他们相信此举能够降低通货膨胀率。可以说通胀数据几乎具有"统治性"的力量！

根据通胀数据做出重要的政策决定

2008年，在美国次贷危机的高峰期，美国金融系统恐有崩溃之虞时，美联储决定不降低利率，即使在当时来看，经济似乎已濒临萧条。但美联储对通货膨胀的问题还是感到担忧，并在一份声明中说："……经济增长的下行风险和通胀的上行风险都是委员会的重大关切事项。"后来，美联储前任主席本·伯南克（Ben Bernanke）在回忆录中写道："……回想起来，那个决定肯定是个错误。"

国际社会对通货膨胀的兴趣

全球各国都对衡量通货膨胀抱有兴趣。根据国际货币基金组织（IMF）发布的名单，全球181个国家拥有自己的通货膨胀指数，特别是CPI。此外，对通货膨胀进行统计的国家遍布所有大洲。当然，所有发达国家都会统计CPI，但许多发展中国家和部分小国也会进行此类统计，甚至圣马力诺（San Marino）——一个位于意大利中北部的微型国家也是如此。我想，对圣马力诺3万人口的消费行为进行统计调查一定不难做到！

中国的情况比较有趣。虽然均属一个国家，但它在IMF的名单上有三个单独的条目：中国香港、中国澳门以及中国内地。

有影响力的度量标准

经济学编辑菲利普·奥尔德里克（Philip Aldrich）在2016年8月24日的《泰晤士报》（*The Times*）上发表文章说，很难想象有比通货膨胀更有影响力的经济措施，因为它为工资结算、确定铁路票价和水费提供了基准。婴儿潮出生的一代和领取公共部门养老金的人们追踪它，申请福利金的人们依赖它。它有能力削弱收入，并且中央银行在决定利率政策时也受制于它。菲利普说，通货膨胀是一种"不容置喙的专制"，并且只用几个数字便可代表。他补充说，对于一个如此重要的度量数据，人们会认为它经受过非常高质量的测试，但事实并非如此。在英国，2016年5月之前，受到广泛关注的消费指数一直是根据1995年的欧洲法规编制的，最后一次有意义的修改是在6年前。消费者价格应该能够代表生活成本，但英格兰银行的首席经济学家却说，这不是一种最好的度量方式，因为其中没有包括住房成本。国家统计局也对此表示同意，认为居民消费价格指数并不代表生活成本指数，因为它不包括住房这一占到大多数人生活开支很大比例的成本。奥尔德里克写道，CPI忽略了一个事实，即人们倾向于购买更便宜的物品作为替代品，而如零售折扣商Aldi和Lidl等商家的崛起，导致人们消费习惯的改变。

奥尔德里克写道，英国的数据收集方法是过时的：每月，承包商会从140家商店收集11万个价格数据，并从商品目录和网站上获取7万个价格数据。他建议除了上述方法，还采用零售商结账台的扫描数据和结账额数据，因为这些能描绘出更为准确的消费行为。此外，对英国五分之一的非食品采购网站进行研究也会获得更为准确的数据。当然，变革已经发生，数据收集方式也已升级，但如何跟上不断变化的环境，无疑是一种挑战。

对个人生活的影响

在20世纪60年代和20世纪70年代，也就是在美国依赖通货膨胀指数之前，政府仅仅不定期地根据自己认定的价格上涨幅度，来提高社会保障福利，以抵消通货膨胀对社会保障受益人购买力的影响。指数化进程开始于1975年，人们相信正式的指数化数据可以提供一个可靠的方法来抵消通货膨胀的影响。那时人们相信，政府立法规定的福利增幅，会超过抵消实际通货膨胀所需的合理增幅，因为政客不免会迫于压力而对受益人（也是选民）更加慷慨。随后的情况证明，指数化有夸大通货膨胀的倾向，但政客却认为这种偏差很小，因此不愿意降低福利支出。当然，人们很容易忽视这样一个事实：即使误差仅为1%（一个当时看起来很小的数字），但随着时间的推移，这一数字会不断复合增长，或将导致更大的误差出现。

通货膨胀数据的普及度

几乎每天，你都可以在报纸或互联网中发现一些文章以评判的方式引用了与政府政策有关的通胀数据。一篇文章的标题警告道，美联储应该清醒过来，承认美国经济过热，这一点可以从不断上升的通胀率看出。文章中提到消费者价格同比增长已达到2.3%。如果在这一数字中排除所谓的波动性食品和商品类别的影响，则对于"核心商品"的个人消费支出通胀率为2%，符合政府的通胀目标。文章接着说，最近，联邦基金的利率已提高到1.75%至2%，这意味着美联储最终会将实际利率（名义利率减去通货膨胀率）降至大约为零的水平。文章评论称，这种情况的持续既没有刺激也没有减缓经济活动。这篇文章的假设是经济增长率、通货膨胀率和利率之间存在直接联系，虽然这一假设受到了一些人的质疑，但依然被许多人所接受。

印度通过停止期货交易来影响通货膨胀

2008年，印度政府暂停了一部分大宗商品的期货交易，以此控制通货膨胀。政府判断称，印度食品价格的上涨根源在于期货市场。对于面临大选的政府来说，他们希望能够降低通货膨胀率，因为通货膨胀率上升的消息很有可能导致现任政府在选举中失败。政府希望通过在市场上引入一系列扭转措施——如禁止一些商品的期货交易、禁止奶粉出口，以及在选举前继续补贴燃料价格等——影响实际通胀数据。此外，民众对通货膨胀数据的反应也使得印度的政策制定者决定对货币汇率施加影响。据估计，卢比每升值1%，批发价格指数就会下降0.2%。因此，政府试图通过采取一些与国家外汇储备相关的措施，来推行强势卢比政策。

墨西哥西红柿对通货膨胀的影响

1987年，当通货膨胀率出现大幅增长时，墨西哥政府推出了一项新型应急反通货膨胀计划。这一计划是不受欢迎的，甚至总统米格尔·德·拉·马德里（Miguel de la Madrid）也承认计划中包括"强有力的措施、激烈的措施、痛苦的措施"。当时，通货膨胀数字已增加了150%。在工会向政府施压，要求将最低工资提高46%后，政府宣布将最低工资提高38%，同时还宣布提高汽油和电力的供应价格。显然，工会和政府提出的建议与通货膨胀数字显示的情况并不同步。引用一位官员的说法就是，从理论上讲，他们的计划可以使通货膨胀率下降，但向公众传达如何通过提高汽油和电力价格来降低通货膨胀率是非常困难的。随后在这一年的年底，墨西哥政府宣布以一个由75种商品和服务组成的"篮子"来衡量工资增长。此举摒弃了使用该国中央银行制定的通货膨胀率的旧制度。但一些人认为这个新制度是一个糟糕的笑话，因为它与商店里销售的商品的实际价格相差甚远。

此处，我以墨西哥西红柿价格为例，来说明一种商品的价格如何影响人们对通货膨胀的看法。西红柿是墨西哥家庭饮食的一个重要组成部分。2000年，西红柿价格急剧上升，这使得通货膨胀水平远远超过预期。因为西红柿被用于制作各种传统的墨西哥菜肴，所以其在墨西哥通货膨胀指数中所占的比重很高。

然而，它们也是价格波动最大和受季节性影响最大的商品之一。例如，一位评论家曾提到，西红柿在8月份的价格比7月份的价格高40%。当然，如果这种价格波动有可能歪曲通胀数字，那么必然引出这样一个问题——价格波动带来的真正影响是什么？8月份消费者价格上涨0.55%，高于预期的0.46%，但这0.09%的差异有任何统计学意义吗？

委内瑞拉试图通过加密货币控制通货膨胀

2018年8月，委内瑞拉总统尼古拉斯·马杜罗（Nicolás Maduro）宣布将其政府发行的加密货币"石油币"（Petro）与本国货币挂钩，并实行单一汇率。一些评论家称，在这样一个受物价急剧上涨影响严重的国家中，此举可能会导致委内瑞拉比索（Venezuelan Peso）贬值超过90%，是真正恶性通货膨胀来临的前兆。马杜罗总统曾一度表示，他将把最低工资提高至少3000%。他还称将提高企业税率，并提高天然气这一具有高额补贴的商品的价格。他这样说道："我希望国家能够恢复，我也有办法恢复。相信我。"有人质疑委内瑞拉很难成功恢复常态。根据国际货币基金组织预测，委内瑞拉的通货膨胀率将达到1,000,000%。马杜罗称，他将进行"石油化"改革，以便将不同的汇率、工资、养老金和物价与加密货币石油币挂钩。但是，加密货币专家对于将石油币作为一种功能性金融工具的做法表示怀疑，并指出有关石油币运作方式的细节信息尚不明朗，加之美国的制裁行为，这一切都使得这一货币的交易领域成为"禁区"。美国总统唐纳德·特朗普（Donald Trump）在2018年3月签署了一项行政命令，禁止任何涉及石油币的美国金融交易。委内瑞拉政府没有提供石油币投资者的姓名信息，亦不公布加密货币的销售金额。马杜罗说，他的方案将结束美元的"暴政"，并为世界原油储备最为充裕国家之一的委内瑞拉带来经济复苏。经济学家指出，委内瑞拉严格的货币控制、失败的国有化进程和超发货币的行为是该国遭遇经济危机的根本原因。马杜罗说，一个石油币相当于60美元，并与3.6亿玻利瓦尔币等值。这代表一个新汇率的出现，即1美元能够兑换600万玻利瓦尔币，这接近于当时的黑市汇率，也就意味着玻利瓦尔币会贬值约96%。马杜罗说："他们已经把我们的价格美元化了，而我正在对工资和价格进行'石油化'……我们将把石油币变为反映整个经济体动向的参照物。"而那些关注委内瑞拉后续经济发展的人们知道，这些政策的结果可能并不理想。

忍无可忍

丹妮尔·迪马蒂诺·布斯（Danielle DiMartino Booth）在她的书《忍无可忍》（*Fed Up*）中，就美国联邦储备委员会对通货膨胀数字的使用提出了许多精辟的意见，她指出许多重要决定是如何基于通胀数据做出的，以及对某些类别的通货膨胀数据（如"核心"通货膨胀指数）的选择性使用如何导致了错误的决定。在书中的一个章节里，她提到了美联储的一位董事会成员"……在有关美联储设定的通货膨胀衡量标准方面存在真正的问题"，即"核心"个人消费支出（Personal Consumption Expenditures，PCE）数字在编制过程中忽略了食品和能源的价格，因此，不能反映通货膨胀的真实水平。"但人们印象最深的是什么价格？人们在加油站支付的油钱和一加仑牛奶的价格是多少？这些价格出现任何上涨迹象都会向消费者发出信号，表明通货膨胀正在加剧。由于忽视了这些趋势，美联储的公信度受到了损害。"

通货膨胀数据的连锁效应

通货膨胀的数据会产生连锁反应。例如,美国联邦预算就极大地受到居民消费价格指数的影响。只要CPI的年增长率稍有下降,政府的赤字就会减少几百亿美元。1995年,美国联邦预算办公室估计,从1996年开始,只要CPI年增长率降低50%,就会使2000年的联邦赤字减少260亿美元,原因很简单,较低的通货膨胀预期将使政府能够避免为控制通货膨胀而提高利率。我将在后文借由博斯金委员会(Boskin Commission)的研究,进一步讨论这个问题。

工资指数化

多年来,政治家们主张将法律规定的最低工资与居民消费价格指数挂钩,并在每年,根据居民消费价格指数的增长,自动增加工资。1998年,华盛顿州成为美国第一个批准将最低工资与CPI挂钩的州。后来,俄勒冈州和佛罗里达州等其他州,以及旧金山和圣达菲等城市也相继跟进。

当央行行动无法影响通货膨胀时

中央银行密切关注通货膨胀率的度量结果,这也是他们制订货币供应和利率方面关键决策的基础。21世纪初,日本、美国和欧盟的中央银行大幅增发货币,通过发行现金来购买债券和其他资产,将其资产负债表扩大到前所未有的水平,从而催生通货膨胀和通货膨胀预期。这一做法的理论依据是此举将创造更多的经济活动,并促进经济增长。然而,通货膨胀指数并没有变化。个中缘由是什么,央行并不确定。是因为通货膨胀指数的衡量对象不恰当,还是因为人们对中央银行的做法没有反应呢?

经济学界的共识是,通货膨胀对健康的经济环境来说是一项必要因素,因为劳动力市场不会立即针对较高的通货膨胀水平进行调整,从而使企业能够从较低的实际劳动力成本中获益。因此,中央银行试图通过操纵利率来影响通货膨胀,通过用发行新的货币购买资产来参与市场操作,并降低银行的存款准备金率,以鼓励银行扩大贷款,从而增加经济中的信贷供应。当然,这些行动并不总是会按照预期的方式发挥作用。

投资决策和通货膨胀数据

配置大量资金的大型投资者会对CPI保持关注,并根据指数数据快速做出投资决定,这些决定可能使其获利或亏损数十亿美元。2016年11月初,《华尔街日报》(*Wall Street Journal*)的头条新闻这样写道:"对通货膨胀的恐惧助长了债券价格的下跌。"文章阐述了通胀统计数据走高,以及对债券收益率将应声而涨的预期,会如何引发富裕国家的政府债券价格暴跌。从前,投资者担心的问题是通货紧缩,而现在担心的则是通货膨胀问题。随着债券价格的暴跌,政府债券的收益率随之上升。数十亿美元的盈亏,都与这一数据有关,但该数据并非基于投资者自己的研究,而是由政府机构公布的(政府机构公布的数字可能并不准确)。债券买家和卖家均需自行计算,其结果可能是债券持有者将获得数十亿美元的收益,或者遭受数十亿美元的损失。

银行的决定

通货膨胀数据也会对银行调整利率的方式产生影响。"实际"利率(名义利率减去通货膨胀率)的计算对贷款人和借款人都相当重要。如果通货膨胀数字上升，放贷人便会希望提高他们的贷款利率，这样他们就不会因为所收取利息的购买力降低而处于不利地位。如果放贷人（银行或金融公司）签订了可调整利率的贷款条约，那么利率就会依据通货膨胀进行调整，由CPI决定利率的上升。如果贷款是固定利率的，放贷人通常会在固定利率贷款中加入一个名为"通货膨胀风险溢价"的数字，这个溢价是由CPI衡量的未来通货膨胀预期。

总结

上述例子表明，没有一个政府能不受通货膨胀统计数据的影响。借用奥尔德里克的描述，这种"不容置喙的通货膨胀专制"是一种全球现象，世界各地的政治家和中央银行都会仰仗通胀数据来制定重要决策，而与这类决策相关的措施会对人们的生活产生巨大影响。因此，我们的通货膨胀率度量数字是否正确，绝对有着至关重要的意义。

3 通货膨胀是什么

如我所言，通货膨胀是一种货币现象，且会因货币发行机构政策的变化，出现极端的波动（以上升为主要形式）。我们通过购买某种东西（商品或服务）需要多少单位的货币来衡量通货膨胀状况。如果有人发现，对于相同的商品，他当下需要用比昨天更多单位的货币来购买，那么他就会说自己是通货膨胀的受害者。

有些人把通货膨胀描述为一个气球，它在充气的时候会膨胀，就像通货膨胀发生时价格会膨胀一样。它可以影响一件物品或一整套物品的价格。为了解释通货膨胀，人们提出了不同的经济理论。凯恩斯主义经济学家普遍认同这样的观点：当商品和服务的总需求超过供应时，就会出现通货膨胀。货币主义经济学家则声称：当货币供应过剩时，过剩的货币会导致资产、商品和服务的通货膨胀。另有理论解释道：通货膨胀是通过国际供应网络传播的。还有一种理论说：当政府用超额支出和借贷吸收所有的资源时，通货膨胀就随之而来。

与通货膨胀相关的专家言论

许多著名的经济学家、作家、政治家和演艺界人士都对通货膨胀发表过评论，但观点大不相同。以下是对他们的观点和言论的总结。

★ 通货膨胀是政府用来向人民征税的工具

▶ **米尔顿·弗里德曼** / Milton Friedman
经济学家

"通货膨胀是没有立法的税收。"

▶ **约翰·梅纳德·凯恩斯** / John Maynard Keynes
经济学家

"通过持续的通货膨胀,政府可以秘密且不被察觉地没收其公民财富的重要部分。"

▶ **托马斯·索维尔** / Thomas Sowell
斯坦福大学胡佛研究所资深研究员、经济学家

"这是一种不必公开增加税收,便能从人们手中攫取财富的方式。通货膨胀是一种最普遍的税收。"

▶ **弗里德里希·奥古斯特·冯·哈耶克** / Friedrich August von Hayek
经济学家

"我认为可以毫不夸张地说,历史在很大程度上是一部通货膨胀的历史,通货膨胀通常是由政府出于自身

利益精心策划而成的。"[2]

► **安·兰德** / Ayn Rand

客观主义哲学运动开创者

"通货膨胀不是由公民个人的行为造成的,而是由政府造成的:政府通过人为扩张货币供应量,来满足赤字开支的需求。历史上,没有一个贪污犯或银行抢劫犯对人们储蓄的掠夺规模,能与中央集权政府财政政策的掠夺规模相提并论。"

★ 通货膨胀被政府用来解决预算赤字和偿还债务

► **欧内斯特·海明威** / Ernest Hemingway

小说家、记者

"对一个管理不善的国家来说,首选的灵丹妙药便是货币膨胀,第二个则是战争。两者都会带来短暂的繁荣,也都会带来永久性的毁灭。但两者都是政治及经济机会主义者的权宜之计。"

► **赫伯特·胡佛** / Herbert Hoover

美国第31任总统

"只有三种方法可以解决一个国家未付账款问题。第一种方法是征税,第二种是拒付,第三种是通货膨胀。"

▶ **斯里·穆尔亚尼·因德拉瓦蒂** / Sri Mulyani Indrawati

印度尼西亚财政部部长

"许多新兴国家正面临着同样的经济过热和通货膨胀问题，因为这些国家一直在大力推行财政和货币政策，以应对 2008 年的冲击。"

▶ **詹姆斯·卡拉汉** / James Callaghan

前英国首相

"我们曾经认为可以通过减税和增加政府开支来解决经济衰退问题并增加就业。我坦率地告诉你们，这种解决方式已经不再奏效，就它存在的历史而言，它每次也只是在战后向经济中注入更大剂量的通货膨胀时才起作用，随后，更高水平的失业率总会接踵而至。"

★ 公司通过提高价格来维持盈利

▶ **爱德华兹·戴明** / W. Edwards Deming

美国人口普查局和劳工统计局所用抽样法的开发者

"生产力和质量的下降意味着你的单位生产成本居高不下，但你却没有那么多东西可卖。你的工人不愿意工资变少，所以，为了维持利润，你就提高了价格。这就是通货膨胀。"

★ 政府可以控制通货膨胀

▶ **珍妮特·耶伦** / Janet Yellen

前美联储主席

"通过调整利率来促进金融稳定性的措施,会增加通货膨胀率和就业率的波动性。因此,我认为宏观审慎的监督与管理措施需要发挥主要作用。"

★ 增加产量可以解决通货膨胀问题

▶ **切斯特·鲍尔斯** / Chester Bowles

前美国驻印度大使

"增加产量是解决通货膨胀问题的唯一答案。"

★ 经济增长可以通过降低通货膨胀来实现

▶ **拉格拉姆·拉扬** / Raghuram Rajan

前印度储备银行行长

"我已经说过多次,实现可持续增长的途径是将通货膨胀率降至更合理的水平。"

★ 通货膨胀是有害的

▶ **米尔顿·弗里德曼**

经济学家

"通货膨胀是一种病,一种危险的、甚至有时会致命的疾病,这种疾病如果缺乏及时检查,会摧毁一个社会。"

▶ **路德维希·冯·米塞斯** / Ludwig von Mises

奥地利学派经济学家

"通货膨胀在本质上是反民主的。""持续的通货膨胀会不可避免地导致灾难的发生。"

▶ **托巴·贝塔** / Toba Beta

作家

"通货膨胀创造了泡沫,并会引发泡沫的破裂。它既发展了世界经济,又将在日后摧毁它。"

▶ **亨利·黑兹利特** / Henry Hazlitt

商业及经济新闻记者

"像其他每一种税收一样,通货膨胀的作用是决定我们所有人被迫遵循的个人和商业政策。它不鼓励一切谨慎和节俭的做法，而鼓励挥霍、赌博和各种不计后果的浪费。它往往使得投机比生产更有利可图。它弄乱了稳定经济关系的整个结构。因其不可饶恕的不公正性，促使人们采取不顾一切的补救措施……它导致人们要求极权主义控制。它无一例外地以痛苦的幻灭和崩溃而告终。"

▶ **凯文·布雷迪** / Kevin Brady

美国国会议员、众议院筹款委员会主席

"通货膨胀破坏了储蓄，妨碍了规划，并阻碍了投资。这意味着生产力的下降与生活水平的降低。"

▶ **阿兹姆·普雷姆吉** / Azim Premji

Wipro 软件开发有限公司董事长

"通货膨胀正在影响处于贫困线上的人群。贫困不仅仅体现在经济方面，更是以健康和教育的情况来定义的。"

★ 必须战胜通货膨胀

▶ **保罗·萨缪尔森** / Paul Samuelson

现代经济学之父

"避免通货膨胀并不是一个绝对必要的任务，但却是我们必须追求的、众多相互冲突的目标之一，对此，我们可能经常不得不做出妥协。"

▶ **马丁·费尔德斯坦** / Martin Feldstein

美国国际经济调查局荣誉主席

"30年前，许多经济学家认为，通货膨胀是一个小麻烦，降低通货膨胀的成本太高，不值得付出。现在可没有人会提出这样的论点了。"

★ 人们通过消费支出来抵御通货膨胀

▶ **罗伯特·清崎** / Robert Kiyosaki

富爸爸公司创始人

"担忧通货膨胀的人们会倾向于购买大宅与豪车。"

★ 通货膨胀摧毁你的储蓄

▶ **罗伯特·欧本** / Robert Orben

美国第40任副总统杰拉尔德·鲁道夫·福特的前首席演讲稿撰稿人

"通货膨胀是你储蓄中的杂草。"

★ 通货膨胀是有益的

▶ 张夏准
韩国制度经济学家

"低通货膨胀率和政府的审慎态度可能对经济发展有害。""在承认恶性通货膨胀的破坏性,与认为通货膨胀率越低越好之间,逻辑上存在着很大的跳跃。"

▶ 杰罗姆·鲍威尔
美联储主席

"低于目标的通货膨胀增加了家庭和企业所欠债务的实际价值,也降低了央行应对经济衰退的能力。"

▶ 珍妮特·耶伦
前美联储主席

"我认为,明智且人性化的政策是即使通胀率已经高于目标,也允许通货膨胀水平偶尔上升。"

▶ 本·伯南克
前美联储主席

"许多国家将实现稳定的低通货膨胀水平视为一项重要的成就,并认为这一状态将继续带来巨大益处。""美国政府有一项名为'印钞'的技术(与现在使用的数码印刷机同理），允许美国在基本无成本的情况下生产任意数量的美元……我们的结论是，在纸币体系下，一旦政府下定决心，总是可以推动更高的消费支出，从而产生积极的通货膨胀……通过政府印刷货币的能力，可以创造通货膨胀，这是一件好事。"

▶ **米尔顿·㺛**

经济学家

"通货膨胀在任何时候都是一种货币现象，因为其产生理由只有一种：货币量的增加速度比社会生产量的增长速度更快。一个适度稳定的货币增长率能够提供一种框架，在此框架下，国家可以在轻度通货膨胀中享有较大的经济增长。这一框架不能带来完美稳定的局面，不会制造出地球上的天堂，但它可以为经济社会的稳定做出重要贡献。"

★ 通货膨胀的成因是货币过多

▶ **罗伯特·㵸**

富爸爸公司创始人

"用最简单的话来说就是，当系统中的货币太多时，通货膨胀就会发生。"

▶ **亨利·**

商业及经济新闻记者

"单纯的通货膨胀，即仅采用发行更多货币的方法，引发工资和物价提高的结果，这看起来似乎是创造了更多的需求，但从实际生产和交换实物的角度来看，并不是这样。"

★ 央行必须控制通货膨胀

▶ **詹姆斯·索罗维基** / James Surowiecki

前《纽约客》特约撰稿人

"当然，对通货膨胀持强硬态度是任何央行官员工作职责的一部分，如果投资者认为通货膨胀将走向失控，你便要面临利率走高和资本外逃的结果，并且将陷入恶性循环。"

★ 央行引发了通货膨胀

▶ **吉姆·鲍威尔** / Jim Powell

卡托研究所高级研究员

"绝大多数中央银行都是在 1900 年后建立的，目的是帮助政府花掉它们并不拥有的钱。央行成为了通货膨胀的引擎，数量最多的、情况最严重的、失控的通货膨胀都发生在1900年以后。"

★ 企业因预期通货膨胀而提高价格

▶ 詹姆斯·■

前《纽约客》特约撰稿人

"可以理解，经历过恶性通货膨胀的企业对通胀的威胁会十分警觉。一旦发现通货膨胀的迹象，他们就有可能提高价格，因为他们知道如果不这样做，当通货膨胀来袭，自己的企业就会毁于一旦。"

★ 通货膨胀水平走高与利率上升是一个恶性循环

▶ 阿兰达蒂·巴塔查里亚 / Arundhati Bhattacharya

前印度银行主席

"通货膨胀水平走高与利率上升是一个恶性循环。"

★ 通货膨胀与政府高债务和低增长有关

▶ 比尔·格罗斯 / Bill Gross

固定收益投资经理

"缓慢的经济增长和通货膨胀往往伴随着大额赤字

出现，政府债务占 GDP 的百分比亦不断上升。"

★ 预算赤字不会导致通货膨胀

▶ **威廉·维克里** / William Vickrey

经济学教授、诺贝尔经济学奖得主

"预算赤字本身不会导致通货膨胀，同样地，预算平衡也不能保证价格水平稳定。"

★ 通货膨胀是由劳动力成本升高导致的

▶ **道格拉斯·欧博赫** / Douglas R. Oberhelman

卡特彼勒公司前首席执行官兼执行主席

"通货膨胀是由较高的劳动力成本驱动的，而不是由较高的货物成本驱动的。坦率地说，我很愿意看到一点轻微的通货膨胀。因为我很想给人们更多的钱。我很想看到每个人的工资上涨。"

★ 价格上涨不会导致通货膨胀，只是显示了通货膨胀

▶ **沃尔特·比奇洛·里斯顿** / Walter Bigelow Wriston

花旗银行前总裁兼董事长

"价格上涨不会导致通货膨胀，它们只是显示了通

货膨胀。价格代表了一种基本的经济表达形式，因为货币只是信息的另一种形式。"

★ 通货膨胀不是货币数量的增加

▶ 路德维希·冯·米塞斯

奥地利学派经济学家

"今天人们所说的通货膨胀并不是（真正意义上的）通货膨胀（通胀意为货币和货币替代品数量的增加），而是商品价格和工资标准的普遍上涨，这其实是通货膨胀的必然结果。"

通货膨胀的定义

从以上言论可以看出，各方专家对通货膨胀的看法不但非常不同，而且甚至往往是相互矛盾的。但大家存有一个基本共识，即通货膨胀是一种基于各种商品和服务的价格变化的度量。为了简化过程，一个反映价值整体变化的指数被建构出来，而这一指数后来成为价格总体状况的代表。多种不同的价格指数被创造出来，但居民消费价格指数因能够反映物价变化对人口的整体影响，一直是衡量年度价格变化的首要指数。当然，这样的度量方式被极大简化了。

在定义通货膨胀时，我们必须对围绕这一概念的各种理论进行思考。"通货膨胀货币数量论"认为，通货膨胀的成因是货币供应量的增加，即出现了"货币通货膨胀"。但现在我们已经很清楚，货币供应量的增加可能会导致价格上涨，也有可能不会。因此，经济学家们只得继续寻找其他引发通胀的原因。另有一种理论名为"通货膨胀货币质量论"，该理论以卖方在未来使用一定数量的货币购买商品或服务的预期为基础。如果卖方认为自己在未来需要花费更多的钱才能购买同样的货品或服务，就会提高自己的售价。

还有一种对通货膨胀的解释被称为"需求拉动"理论，它认为私人和政府支出的增加将导致总需求的增加，进而引发通货膨胀。学者们认为这种通货膨胀对经济增长有益，原因是过剩的需求能与有利的市场条件相结合，可催生更多的投资和扩张行为。

因商品和服务供应量下降导致原材料价格上涨而引发的通货膨胀，被称为"成本推动式通货膨胀"。如果发生了自然灾害，会用到一个更为夸张的名称——"供应冲击式通货膨胀"。有时还会出现"内生式通货膨胀"，例如，供应商与工人签订与通货膨胀挂钩的合同，就会被迫支付更高的工资，也会相应地提高商品的售价。这种情况被称为"价格/工资螺旋式通货膨胀"。最后，还有"资产价格通货膨胀"，即金融资产的价格上涨。

通货膨胀：全球性的灾难

1973年，经济学家兼大学教授欧文·弗里德曼（Irving Friedman）出版了一本名为《通货膨胀：全球性的灾难》（*Inflation: A Worldwide Disaster*）的书。他在书中写道，在过去的30年里，世界各国纷纷采取各种措施，尝试应对物价和工资持续上涨的问题，其间虽然取得了一些暂时性的成功，但总的来看，都是些接连不断的失败尝试。事实证明，对于该问题，各国政府没有能力提供在政治上和社会上均可以接受的解决方案。相反，他们推行的政策强化了通货膨胀的趋势，导致人们几乎普遍相信，通货膨胀是不可避免的，政府也不能或不应该结束物价上涨的趋势。

在这本书中，欧文·弗里德曼对通货膨胀进行了历史分析，并研究了黄金和白银的大量流入对16世纪欧洲社会的影响，它们从新大陆流通到西班牙，进而流向欧洲其他国家,并最终导致了物价的上涨和利率的提高。这也促使天主教会就高利贷利率发声,主张何为"公平的"或"公道的"价格。

欧文·弗里德曼称,由于通胀问题是社会性的,因此解决这一问题必须考虑社会原因,不能简单地丢给经济学家处理。和其他所谓通货膨胀的观察家一样,他认为受通货膨胀影响最大的是社会中最为贫穷的人群。当然,这就得出了一个合乎逻辑的结论:政府必须介入并采取行动。

20世纪60年代的物价变化显示,由37个发展中国家组成的样本的平均物价增长率每年约为3.5%,也就是说物价每20年会翻一番。此处,欧文·弗里德曼所讨论的国家包括墨西哥、危地马拉、哥斯达黎加、巴基斯坦、泰国、韩国、印度尼西亚、巴西、智利和阿根廷,其中一些国家滥发货币的状况较为严重,毫不意外地导致了当地的商品价格似乎丧失了意义。欧文·弗里德曼再次重申了一个经常被提到的理论:当商品减少而货币增多时,货币的购买力就会下降,这样一来,市场力量就会推动物价上涨。他在书中写道,他认为世界正在进入一个时期,在这个时期内,持续通货膨胀的步伐会变得如此具有破坏性，以至于迫使人们必须充分了解并解决这一问题。他同时表示，不能指望持续的通货膨胀会自我修复。

在描述如何度量消费者价格时，欧文·弗里德曼指出这种统计方法的缺陷，因为其只是对消费者支付的所有商品和服务的平均价格的简化测量。但对于不同的消费者而言，不同商品和服务的相对重要性不同，因此，其价格的权重是不同的。全国各地存在着巨大的消费差异，而"平均价格"并没有反映出大多数人的消费经历。

总结

在我看来，知名经济学家对通货膨胀有这么多不同甚至相反的理论，这反映了我们普遍对于通货膨胀是什么，以及它对我们经济造成的实质影响缺乏认知。也无怪乎政府和政策制定者在处理通胀问题时会一次又一次地遭遇困难。我们对通胀的定义是模糊的，度量方法是不清晰的，这一点会在下面的章节中有所呈现。现在的问题是，当讨论通货膨胀问题时，我们不能仅仅顾及其中最大的影响因素，而必须尽可能细致、准确地处理它。基于通胀数据做出的政治决策，其影响是非常深远的。

4 恶性通货膨胀是什么

恶性通货膨胀没有准确的定义，其原因很简单：当它发生时，所有的衡量标准都变得毫无意义——尽管人们仍然会试图衡量这一状况。可以说这是一类失控的通货膨胀，在此期间，价格会疯狂上涨，远超人们的想象。据估计，20世纪曾发生过50多次恶性通货膨胀事件，它波及了德国、俄罗斯、巴西、匈牙利、阿根廷、委内瑞拉等国家。货币主义者会说，当货币供应量的大幅增加与国民生产总值的增长不相匹配时，就会发生恶性通胀。但也许一种更好的说法是：人们对一种货币完全丧失信心，并试图通过将货币兑换成真正的商品来尽快地摆脱它。后来，囤积情况开始出现，这是因为人们认为持有商品（而非货币）是种有价值的储存。随着过度的需求将物价大幅推高，恐慌也接踵而至。货物均被迅速售空，以至于货架上空空如也。从实际情况来看，国家税收收入会下降，而政府的反应往往只是简单地印制更多的货币，以满足政府的支出需求。

与恶性通货膨胀相关的专家言论

一些作者和经济学家都曾谈到恶性通货膨胀，以下是他们所发表过的言论：

▶ **查克·格莱斯利** / Chuck Grassley

美国参议员

"美联储有能力发行货币，也有能力收回货币。如果他们不这样做，我们将面临比1980年和1981年更严重的恶性通货膨胀。"

▶ **托马斯·索**

斯坦福大学胡佛研究所资深研究员、经济学家

"恶性通货膨胀几乎可以夺走你一生的积蓄，而政府根本不需要大费周章地提高官方税率便能做到。"

▶ **蒂莫西·盖特纳** / Timothy Geithner

前美国财政部长

"恶性通货膨胀不会，且永远不会在这个国家发生……美联储把这么多的货币投入经济系统，并不会引发未来发生恶性通货膨胀的风险。我们有着强大且独立的美联储，有来自国会的非常强大的授权支持，他们会采取必要措施，长期维持较低和稳定的通货膨胀。"

▶ **劳伦斯·克特里考夫** / Laurence Kotlikoff

波士顿大学经济学教授

"过去美国曾经历了高通货膨胀的情况，而现在美

国正在实施的财政政策,似乎与引发上世纪20个国家恶行通货膨胀的财政政策别无二致。"

▶ **亨利·赫**

商业及经济新闻记者

"货币管理者喜欢告诉我们,他们已经用'负责任的货币管理方法'代替了金本位制,但历史上从未出现过任何负责任的纸币管理方法……从整体来看,历史中反倒存在一些关于恶性通货膨胀、货币贬值和货币混乱的记录。"

▶ **卢埃林·罗克维尔** / Llewellyn Rockwell

作家

"美联储正在推动各种变通办法,以期在完全绕过银行系统的情况下,向经济中注入数万亿新货币。时间将会证明此举是否能够成功。同时,一个严重的危险正在隐隐浮现。一旦经济衰退结束,借贷活动将再次开启。届时,当有了银行部分准备金制度和无限量的现金供应时,我们或许会看到价格趋势发生逆转,即从通货紧缩变为通货膨胀,甚至可能出现恶性通货膨胀的局面。"

▶ 詹姆斯·■

前《纽约客》特约撰稿人

"可以理解，经历过恶性通货膨胀的企业对通胀的威胁会十分警觉。一旦发现通货膨胀的迹象，他们就有可能提高价格，因为他们知道如果不这样做，当通货膨胀来袭，自己的企业就会毁于一旦。"[40]

世界各地的恶性通货膨胀

约翰·霍普金斯大学（Johns Hopkins University）的史蒂夫·汉克（Steve Hanke）和尼古拉斯·克鲁斯（Nicholas Krus）对恶性通货膨胀进行了深入的研究。2016年12月，他们指出，在1922年至2007年期间，匈牙利、津巴布韦、法国、乌克兰、德国、希腊和亚美尼亚等16个国家经历过17个恶性通货膨胀时期。在这些恶性通胀时期中，日通货膨胀率从5%到98%不等，物价翻倍的时间也各不相同，最快纪录为1945年匈牙利的15个小时，最慢为1923年波兰的16天。当然，这种通货膨胀的关键特征在于货币信誉完全崩盘，以匈牙利辨戈（Pengo）、德国纸马克（Papiermark）和波兰马克（Marka）为例，它们均已经完全消失在历史长河中了。

德国恶性通货膨胀历程

亚当·弗格森（Adam Fergusson）在他 1975 年的经典著作《当货币死亡》（*When Money Dies*）中，讲述了魏玛德国（Weimar Germany）发生的赤字开支、货币贬值和恶性通货膨胀的噩梦。他在该书的序言中写道，将当代与半世纪前的物价和商品价值进行比较的作用聊胜于无，这是因为在 35 年后，各种货币已经不断地合并、分化、贬值，甚至消失。成本和工资升降的不同步程度是如此之高，以至于两者间的差别已经不能说明任何问题。他说，尽管在现在这个时代，我们已经不太可能像 1923 年的德国那样印发巨大数量的实体钞票，但"量化宽松"——这一数字化时代对隐性赤字开支的现代委婉说法，也是对货币纪律的一种攻击。无论造成国家财政赤字的原因是什么，我们备受尊敬的领导人仍然相信，印刷钞票是平衡政府预算的最佳终极手段，尽管它会对人们的储蓄和养老金，以及人们的信心和信任产生影响。第一次世界大战后的德国给人们好好上了一课。德国所经历的那段时期表明，随着人们对本国货币的信任度下降，他们的消费速度会加快，货币流通加速，而且物价会一路飞涨，因此会需要更多的货币。在1923年的德国，1个英国先令可以兑换10亿德国马克，这一实例也从侧面反映了这场灾难的面貌。

对德国人来说，他们最大的错误也许就是对德国马克的笃信。他们中的大多数人甚至在看到马克的价值崩溃后仍旧选择信任它。因此，当价格上涨时，人们没有要求本国货币——马克，保持稳定的购买力，而是要求政府提供更多的马克供给，以便他们购买自己需要的东西。因此，越来越多的马克钞票被无限制地印刷出来，进而导致货币体系的崩塌，人们对它的信心也被彻底摧毁。在与外汇波动有关的新闻出现时，在人们进行国际差旅行程时，甚或是出现全球实时新闻时，货币疲软的现实都会被迅速呈现在人们面前，这导致民众对马克的信任逐步减弱，对货币体系的信任也随之降低了。

在第一次世界大战后的德国，政府决定通过印钞来支付沉重的战争赔款，这是导致恶性通货膨胀出现的关键错误。但与当今时代不同的是，除了极少数见多识广的人之外，挚爱马克的德国人都对那些指出马克贬值的信息避之不及。德国的证券交易所在战争期间是关闭的，所以，帝国银行（Reichsbank）的政策对债券和股票的影响是未知的。此外，外汇汇率也没有公布，所以，除非你与外部中立市场（如阿姆斯特丹或苏黎世交易市场）有联系，否则根本无法知道外界发生了什么。可以说，战后恶性通货膨胀的序幕在战争期间就已出现，当时消费品供不应求，黑市价格暴涨。后来，《凡尔赛和约》给德国带来了巨大的债务负担，当德国政府决定印制更多的货币来偿还债务时，就已经为货币灾难的发生埋下了伏笔。

值得注意的是，即使在这样的灾难性通货膨胀情况下（许多人因收入和储蓄蒸发而变得一贫如洗），如果从购买力角度来看，也有一些人是赢家。葛丽泰·嘉宝（Greta Garbo）出演的电影《没有欢乐的街》（*The Joyless Streets*）便描述了苦难的图景和狂欢者满堂的咖啡厅。正如电影中所呈现的一样，黑市经营者、走私者和其他投机者那时正大展身手。当战后股票交易所开放时，一些机会便出现了：人们可以通过将正在贬值的货币兑换成价格飞涨的公司股票，来跟上通货膨胀的步伐。那些愿意违反法律，将马克兑换成瑞士法郎的人也能够保有他们的财富。而企业通过低开出口发票，并要求海外客户将差额存入其海外银行，从而创造了在海外的外币余额。

美元、瑞士法郎和荷兰盾是最受欢迎的外国货币，同时捷克克朗也很受欢迎。在瑞士的银行中，荷兰人名下的信贷额与荷兰和瑞士之间的贸易量不成比例，这表明其中一定存在一些为逃避政府控制而暗地进行的秘密操作，可以猜测到的是，有德国人顶着荷兰人的名字进行交易。同样受益的还有那些用外国货币购买不动产和工厂股份的外国人。

雨果·施廷内斯（Hugo Stinnes）被认为是德国最富且最有权势的实业家。据估计，其拥有的商业帝国占德国工业的六分之一以上，而这些财富很大程度上是建立在通货膨胀的基础上。他说，通货膨胀是可取的，是保证人民就业的唯一手段。

德国乡村地主和农民受到的影响较小，因为他们自己生产了大部分的必需品，并像店主一样提高了市场价格。那些背负抵押贷款的人也获益巨大，因为他们可以用不断贬值的货币支付贷款。在1922年6月的一个案例中，一个投机者以800万马克的价格从一个经销商那里购买了100吨玉米，而一周后，它在交货之前以此前两倍的价格将整批玉米卖给了同一个经销商，赚得了巨大的利润。他用这笔钱为自己新庄园的豪宅添置了古董家具。这还不算完,他还购入了三把枪、六套衣服和三双柏林最贵的鞋子,然后又在柏林待了八天时间以享受城市生活。许多人通过购买可以保值的资产(如房屋、设备、原材料等),来保障自己免受纸币贬值的损失。但那些领取固定工资的人,以及未能将现金转换为硬资产的不够精明的人,就遭受到了很大的损失。

1945年第二次世界大战结束后,随着战争带来的破坏逐渐被人们遗忘,加之社会恢复了稳定,在占领德国的盟军的领导下,计划经济得以继续发展。在10年内,通货膨胀率已经降到了个位数的水平。在1957年后,联邦德国的通货膨胀率从未超过8%,并且此后的大部分年份中都保持在个位数的水平。在1957年至1987年的30年间,联邦德国居民消费价格指数不断波动,最高至8%,最低则低于零,即通货紧缩的体现。在下一个30年周期,即1987年至2017年间,通货膨胀率的峰值一度升至略高于6%,但有时仍低于零。与德国通货膨胀有关的最重要的事态发展发生在1999年初引入欧元的时候。2002年,实体的欧元纸币和硬币开始流通,德国也用欧元取代了马克。最初,当20世纪90年代初,在就引进欧洲共同货币进行讨论时,德国对批准使用该货币持谨慎态度,因为马克的稳定性有证可寻,而且人们对该国曾经历的恶性通货膨胀仍有记忆。另一个谈判障碍是,所有加入新货币联盟的国家被要求将预算赤字控制在低于其国内生产总值3%的水平、债务比率低于国内生产总值的60%、保持低通货膨胀率,并且利率应接近欧盟平均水平。这为所有希望采用新货币的国家进一步约束政府开支创造了条件。德国是第一批接受新货币的国家之一,2001年12月31日,马克不再是德国的法定货币。因此,在2018年,任何年龄低于60岁的人都经历了一段物价相对稳定的时期,尽管他们可能从自己的父母那里听说了早年间可怕的通货膨胀。在2018年,通货膨胀率的平均值维持在2%以下。

南斯拉夫:通过印制钞票来偿还政府债务

1989年8月,有报道称南斯拉夫正计划引入一种新的货币,来对抗已接近800%的高通胀问题。1965年,南斯拉夫曾对货币面值进行了重新设定,规定100个旧第纳尔可兑换1个新第纳尔。其兑换美元的汇率从一年前的3,000跌至28,900。国家银行印制了一版新的面额为50万第纳尔的钞票，但它的价值已经低于17美元。而在那之后，银行却准备印制一版面值为100万第纳尔的纸币。

由于南斯拉夫联邦几乎已经分裂为对立的地区，其每年的通货膨胀率已经超过了75%。随后，人们发现塞尔维亚共和国的领导人"劫持"了国库，向他的朋友和伙伴发放了15亿美元的贷款。此举导致政府为了偿还债务开始超额印制现金。

恶性通货膨胀迅速发展，价格上涨的速度几乎每天都在翻倍，每月涨幅甚至一度高达300,000,000%。其结果便是社会陷入混乱，人们放弃了货币而选择以物易物。政府最终使用德国马克取代了货币，才使局势得以稳定。

对不得不因货币日益贬值而苦苦挣扎的购物者，以及需要面对难以用便携计算器计算超大数字的会计人员来说，恶性通胀简直是一场噩梦。

津巴布韦面对恶性通货膨胀所采取的措施

2007年11月，有报道称，津巴布韦已经无法计算通货膨胀率，这是由于囤积行为盛行，并且人们想方设法尽快摆脱贬值的货币，使得商店里已经没有足够的货物可以进行价格比较。津巴布韦中央统计局（Central Statistical Office, CSO）局长莫法特·尼奥尼（Moffat Nyoni）说，由于正规市场上商品短缺，编制数据所需的信息（如商品价格等）无法被获取，因此无法计算出上个月的可靠数据。2007年11月，来自中央统计局的消息显示，10月的通货膨胀率达到14,840%，几乎是9月8000%通胀率的两倍。

到了2008年2月，津巴布韦储备银行行长宣布，2007年11月的官方通货膨胀率已达26,470%，他还同时宣布，2007年的经济萎缩了6%。由于持续的恶性通货膨胀导致津巴布韦货币价值难以衡量，因此人们重新采用了耆卫公司（Old Mutual）的隐含利率（Old Mutual Implied Rate，OMIR）。耆卫公司是一家南非保险公司，在津巴布韦的哈拉雷以及伦敦和约翰内斯堡的证券交易所进行交易。通货膨胀数据和汇率变化是通过比较耆卫公司在伦敦和哈拉雷的股票价格进行估计的。因此，津巴布韦政府正在考虑取消OMIR之后的对策，并于2020年6月暂停耆卫公司股票在哈拉雷的交易，从而消除隐含利率这一计算方法——这并不是一个好的迹象。此时，津巴布韦的通货膨胀年增长率几乎达到了800%。

印制30吨扎伊尔纸币

1995年,扎伊尔的通货膨胀率为每年9000%,由于政府限制了货币供应量,这一数字比前一年有了一些改善。但政府在实施对现金的限制时面临了一些问题:金沙萨机场发现了一架载有30吨扎伊尔纸币的飞机,每个序列的纸币都至少被重印了五次,这些钱款来自腐败的政府官员和银行家。他们的计划是将这些纸币销往黑市。政府抓捕了部分人员,但随后突然限制向经济体中发行现金,这意味着银行因缺乏流动性而无法运作,进而导致公务员和军队人员无法获取工资。

总结

在货币政策方面,制定负责任的政府政策是至关重要的。人们需要能够相信自己国家的政府会做出正确的决定。不顾后果的政策会给企业和个人带来灾难性的后果,甚至在最坏的情况下,还会引发恶性通货膨胀。正如我们所看到的,这种现象可以在几天内使人一生的积蓄化为乌有,并使政治局势陷入动荡。下一章将进一步说明,虽然印钞对中央银行来说可能毫无成本,但社会可能要为此付出高昂的代价。然而，制定负责任的货币政策的前提是，政客们拥有做出正确决定所需的信息。但是当然，我们知道他们并没有办法获得这类信息。

5 货币供应与通货膨胀

通货膨胀：一种货币现象

货币学派经济学家米尔顿·弗里德曼认为"一切通胀均是货币现象"，通货膨胀可以而且应该由中央银行通过控制流通中的货币量来进行管理。他说，中央银行可以采用一种恒定的货币增长规则来控制通货膨胀。因此，中央银行希望达到的通货膨胀率越高，货币增长率就应该相应地越高。

20世纪80年代初，据称美联储联邦公开市场委员会（Fed's Federal Open Market Committee）主席保罗·沃尔克（Paul Volcker）通过降低货币供应量的增长速度，将通货膨胀率从10%左右降至3.5%。但后来发现，该理论并不是稳定有效的，因此，此种货币量增长目标制被放弃了。所以，米尔顿·弗里德曼的理论虽然在他生前被广泛推广，但后来被证明是无效的。我记得我在中国香港听过米尔顿·弗里德曼听众爆满的一场演讲，他在演讲中不仅阐述了关于货币供应量的理论，还提到了自由市场的内容。当时，他认为中国香港是世界上最自由的经济体之一，并指出它是其他国家和地区效仿的榜样。有趣且重要的一点是，港币与美元挂钩，因此，香港也被迫在货币供应政策方面受到约束。

货币供应量是什么

没有人真正知道世界上的货币供应量是多少,而加密货币的兴起使这个问题变得更加难以回答。货币供应量数据由政府(通常是国家央行负责)记录和公布,但这些机构在如何准确度量国内所使用的其他形式货币(如加密货币和数字交易形式货币)方面往往一头雾水。许多经济学家对中央银行发布的数据进行了仔细研究,但有些人质疑货币供应量数据在预测通货膨胀方面的重要性,甚至表示了相反的意见,即通货膨胀存在于经济领域的分配环节。他们还质疑这些针对货币供应量所采取的措施,可能会令效果适得其反。他们说,在经济陷入衰退之后,当资源利用不足时,货币供应量的增加会使得实际产量增加,但并不会引发通货膨胀。此外,如果货币的发行速度,或货币在一个经济体中的交换速度发生了变化,那么货币供应量如有增加,可能也根本不会在经济体中造成影响。

货币供应的度量

度量货币供应量的困难源于货币的不同功能。货币的用途有三种:作为交换的媒介、作为记账单位,以及作为价值储存手段。因此，货币供应量可以从"狭义"到"广义"多个维度进行度量。在过去，流通中的纸币或硬币的数量是比较容易度量的。但随着复杂的银行系统的发展，银行和其他金融机构中的活期存款也不得不被考虑在内。由于"货币数量论"的支持者发现了货币供应量增长与经济体中的物价水平有直接关系的实证，货币量的度量就变得更加重要了。因此，在寻找一个全面的核算方法时，必须考虑更多的因素，如央行货币（包括现金和央行的存款账户）和商业银行货币（包括商业银行的债务，如支票和储蓄账户）等。

度量货币供应量的方法从"狭义"到"广义"维度可分为数类。狭义的方法只关注最具流动性的资产或最容易用于消费的资产，其中包括实体现金和支票存款。而广义的度量方法除了考虑狭义的货币供应类别外，还包括了所有种类的资产，比如定期存单。经济学家们争论的是，如何定义货币能够最有利于政策制定行动的开展，以及什么样的定义最具有重要影响。

通常，不同类型的货币被划分为不同的"M"型，其中，M0为最狭义的货币类型；M3为最广义的货币类型。

通过部分准备金制度创造货币

部分准备金制度的出现使得估测经济系统中的货币量难上加难。在这个制度下，银行留在金库中的货币与其发放的贷款金额相比，比例是很小的。在部分准备金制度下，银行放贷的积极程度决定了货币的使用量。在这样的银行体系中，银行只将吸纳的存款中预留一小部分供客户取现，而余下的大部分都可以作为贷款借出。央行对银行存款和贷款比例的规定，将在一定程度上决定流通中的货币量。但个别银行自行决定的贷款积极程度，也是影响经济中流通的货币量的关键因素。这是一个无法被精确度量或及时测算的过程。

中央银行试图通过"宽松货币"或"紧缩货币"政策来调节货币供应。在"宽松货币"政策下，央行创造出新的银行准备金制度，允许银行放出更多贷款。当这些贷款被使用后，它们会被存入其他银行，而这些储蓄之中不需要作为储备金留下的额度又可以被借出。这样就产生了一种倍增效应，使贷款和银行存款增长为最初吸收的储备金额的许多倍。但是，当中央银行实行"紧缩货币"政策时，会出售政府债券等证券，从而从系统中提取现金。为了放松银根,央行会逆转这个过程,回购债券和其他证券,以便将现金重新注入金融体系。可以想象,这个过程无法精确计算,而即便有可能,度量这一过程的影响也是十分困难的。

在20世纪末,经济学家之间盛行的辩论题目是中央银行是否有能力预测应该投入流通的货币数量,以创造特定水平的就业率和通货膨胀率。尽管米尔顿·弗里德曼等经济学家对货币供应量的调控充满信心,但他们认为,中央银行总会出错,因此,最好不要试图根据不断变化的经济统计数据(如通货膨胀率)来调节货币供应量。他和其他人主张采取一种不干涉的方法,即预先确定一条独立于当前经济状况的货币供应路线,这种方法将是最好的。

货币幻觉

在1928年出版的《货币幻觉》(*The Money Illusion*)一书中,欧文·费雪(Irving Fisher)试图说明,包括美元在内的各种货币的购买力是多么的不稳定。他指出,即使在美元与黄金挂钩(可以用固定数量的黄金兑换美元)以后,能用美元获取的商品和福利的数量并不是固定的。因此，存在着一种"安全货币幻觉"。他在书中陈述了如下基本前提：如果货币流通量相对于商品流通量增加，那么价格水平就会上升。反之，如果货币供应量减少，那么价格水平就会下降。他说，在前一种情况下，会出现通货膨胀现象；而在后一种情况下，则会出现通货紧缩现象。价格指数会时不时地揭示出这两种情况中的哪一种正在发生。

在书中，他将理由如此阐述："……货币流变化很大，而商品流的变化则相对较小，特别是人均变化（与人口有关的变化）较小。"欧文·费雪没有解释的是，"商品流"的不断变化不仅是由于有新产品面世，还源于商品质量和功能的变化。但欧文·费雪指出，如果一个人以前每年收入2000美元，现在收入4000美元，而他必须购买的所有东西的价格都翻了一番，那么他的情况不会比以前更糟，也不会更好。即便他现在只能买到以前同等财力所购买的东西的一半，但他由于收入变为两倍，因此他的实际状况并没有改变。当然，这里的假设是他现在购买的商品的质量和种类与以前完全相同，而我们都知道的是，实际情况并非如此。

欧文·费雪谈到了美元贬值和美元走强的影响。因美元不断贬值，其购买力已经低于10年前的水平。此外，债券也因购买力下降而贬值，令债券持有人蒙受损失。然而，从另一个方面来看，发行债券并需要支付利息的借款人却占到了便宜，因为他们所付利息的购买力降低了。因此，得出的结论是，由货币贬值导致的物价水平上升会刺激经济，而货币升值和物价水平下降则抑制了商业发展。与这一结论对应的原理是：生产商在商品价格升高时并不需要支付相应的更高的成本，这是由于工资和薪金不会快速上升（事先签订的合同中已经规定了数额）。租金和利息的支付也同理。

信用便是货币

马克·辛格（Mark Singer）在他1985年出版的《有趣的金钱》（*Funny Money*）一书中，写到了1982年俄克拉荷马城（Oklahoma City）的宾夕法尼亚广场银行（Penn Square Bank）倒闭一事。此事曾震惊了美国的银行业，并最终导致了美国最大银行之一的伊利诺伊大陆银行（Continental Illinois Bank）出现危机。1982年底，美国各银行普遍持有过多存款，并向当时被认为有风险的国家，如墨西哥、巴西、委内瑞拉、阿根廷等贷出共计数十亿美元。美国十大银行对欠发达国家的贷款一度超过了其股本价值的 1.5 倍。这一时期中，银行也积极向石油和天然气行业提供贷款，彼时油价高涨，而且仍在不断攀升。但与此同时，也出现了许多不计后果的贷款发放行为，比如像宾夕法尼亚广场银行这样的小银行向伊利诺伊大陆银行这样的大银行出售共同贷款。很快，即便抵押品的证明文件缺失，文书也极为草率，但小银行的工作人员仅凭在俄克拉荷马城的银行总部的熟人签字，就能轻易获得贷款。1984 年，一家银行的倒闭导致其上游银行注销了一半以上的贷款，总价值超过 10 亿美元。这 10 亿美元基本上是银行"创造"出来的货币，但现在已化为乌有。1984 年伊利诺伊大陆银行的案例中，账目显示该银行损失额高达 12 亿美元。这个故事和其他许多银行倒闭的故事都证明了这样一个事实：货币可以凭空创造，而一天中流通的真实货币供应量是不可能被预测或确定的。

纸币体系的瓦解

奥地利学派经济学家、国际金融投资者德特勒夫·施利希特（Detlev S. Schlichter）在他 2011 年出版的著作《纸币体系的瓦解：愚蠢的弹性货币和即将到来的货币崩溃》(*Paper Money Collapse: The Folly of Elastic Money and the Coming Monetary Breakdown*)中说，造成金融系统不稳定的根本原因是无限发行的纸币，而不是黄金等商品货币。他指出，在整个人类历史上会出现两种情况：纸币系统在混乱中崩溃，或是在彻底的货币灾难发生之前，社会回归对商品货币（通常以黄金为基础）的使用。他说，纸币系统富有弹性，且纸币供应量不断扩大（相对于供应量基本固定的商品货币系统），其本质上是不稳定的，会引发经济混乱。他表示世界各地的纸币支持者都被误导了，这点尤其体现在期望通过加速纸币生产来刺激经济的政策上，此类政策往往会导致灾难的发生。历史已经证明，商品货币作为一类交换媒介总是合理稳定的，但从价格稳定性的角度来看，使用国家发行的纸币的整个历史都是一场彻头彻尾的灾难。他接着说，用主权货币取代没有弹性的商品货币，总是会导致通胀加剧。

他以2008年的金融危机和投资银行雷曼兄弟的倒闭为例，说明了美联储是如何将货币供应量扩大到1913年成立时的两倍的。他写道，美联储使用了1万亿美元的新货币,将之前经济繁荣时期由于不良贷款决定而出现在银行资产负债表上的大块不良资产,纳入自己的资产负债表。他的结论是,尽管印钞对美联储来说可能是毫无代价的,但对社会来说却不是如此。弹性货币最明显的影响是持续的通货膨胀和货币单位购买力的恶化。在 2008 年金融危机爆发前的 50 年里,美国的工业产量增加了约 5 倍,但在同一时期,流通中的美元纸币和硬币的数量增加了 26 倍,因此,每单位美元的购买力都蒸发了约 86%。他解释说,大多数货币不由美联储生产,而是来自银行。这是因为货币供应量包括流通中的货币,以及银行的活期存款、各种定期存款、货币市场基金和其他项目,而中央银行向其他银行发放了创造特定形式货币的执照。上述货币供应中约有 80% 是银行的资产负债表项目。这些资产负债表上的头寸被认为是一种货币形式,因为银行向他们的客户承诺,当客户需要时,就会将其转换为适当的货币。他说,这种银行部分准备金制度是一个庞氏骗局。储户把他们的钱存入银行,并获得一张纸质存单票据。他们知道银行家会发放更多数量的票据来开展贷款业务,因此最终,流通中的票据金额远远多于银行里需要支付给每个纸质票据持有人的资金。但银行家们能在这个货币创造过程中与储户分享一些利润,这也是他们参与这个游戏的动力。

美元的消亡

艾迪生·维金(Addison Wiggin)在他所著的《美元的消亡》(*Demise of the Dollar*)一书和论文《货币史上的不愉快事件短篇》(*Short Unhappy Episodes in Monetary History*)中,提到了9世纪中国的"飞钱"(本书前章亦有提及)。中国人在几百年后放弃了这种货币,因为它后来被证明是一种政治上的大胆尝试,并引发了灾难性的消费价格通货膨胀。他写道,同样的"弹性货币"概念,即货币供应不断增加,同样会在现在的时代引发通货膨胀。他引述的其他例子包括:1717年至1729年间,在约翰·劳(John Law)的方案下,法国的纸币价值蒸发了90%;林肯为内战融资而引发了通货膨胀,导致美国人在1913年之前拒绝使用纸币;1943年,庇隆(Perón)在阿根廷发起政变期间引入了比国家黄金储备更多的纸币。然后,还有我们讨论过的魏玛时代的恶性通货膨胀。

金本位制

1821年,各国着手开展了一项系统性的计划,使用黄金来衡量本国的货币。英镑的价值被设定为等值于1/4盎司的黄金,而1美元则被设定为等值于1/20盎司的黄金。日本的明治政府将1日元的价值定为约1.5克纯金。这种定价系统使汇率能够相对黄金价值而固定下来。但是,当政府无法用黄金储备支持他们印制的所有货币价值时,问题便出现了。很快,黄金开采的产量就跟不上第一次世界大战军备竞赛所需的印钞金额。随着美元与黄金储备挂钩,英镑也与黄金和美元挂钩,因此,这两种货币可以互换。其他货币则由英镑储备来支持。因此,英镑和美元是全球金融体系的关键。在第二次世界大战后,布雷顿森林协议建立的体系规定每盎司黄金与35美元挂钩,其他货币的汇率则是针对美元设定的。战后欧洲和亚洲对美元的高需求导致了美元相对于其他货币的价值上升。但到了20世纪70年代,美国不断增加的债务导致了货币扩张(货币印制增加),所以,当1973年石油危机到来时,通货膨胀率急剧上升,威胁到了金本位制。随后第二个布雷顿森林协议出现了,协议设定货币价值可以自由浮动,所以,各国政府可以自由地设定本国相对于他国货币的价值。因此,我们现在才能拥有一个全球性的市场,各国可以秘密或公开地增加或减少其货币对美元或其他货币的价值。

加密货币的宇宙

度量货币供应量的潜在困难来自加密货币的崛起。加密货币以数字信息的形式存在,其传播者希望加密货币能像其他货币一样成为一种交易媒介。加密货币的理念是使用强大的加密技术来确保金融交易安全进行。加密货币与传统货币的不同之处除了其电子化的性质之外,还有控制上的"去中心化"(不受任何货币控制者或中央银行系统掌控)。当然,这里的问题是如何开发和维护这样一个去中心化的系统。目前这一点已经通过所谓的区块链实现了。在区块链中,一定数量的参与者由一条电子链条相链接,每个参与者都是链上的一个"区块",每个参与者的每一笔交易都被链上的所有其他成员共享。区块链被打造为一个公共金融交易数据库,旨在确保透明度和安全性。链上的所有成员都可以访问分类账。虽然在 2009 年,Bitcoin 以开源软件形式被发行,但据估计，截至2019年市场上已至少有4000种加密货币存在。

在常规的货币体系下，中央银行控制着货币供应。但在加密货币领域，个人或公司可以通过对复杂的数学问题提供多种解决方案来生产新的单位货币，这些问题需要强大的计算能力才能解决。大多数加密货币对投入流通的货币总量有明确的限制，因此，这种稀缺性的诱惑和因稀缺性而导致的溢价，是使得每单位货币都充满吸引力的重要因素。当然，没有人真正知道到底还有多少加密货币未被开采出来。

比特币是第一种广为人知的加密货币，它的起源可以追溯到2008年10月。当时，经济世界的其他部分还未从投资银行雷曼兄弟的倒闭和随后对金融世界产生的威胁中恢复，一位不为人知的神秘人中本聪在一个密码学留言板上发布了一份白皮书。他写道："我一直在研究一个新的电子现金系统，它是完全点对点的，并且不存在可信中心。"中本聪对其系统的主要特性描述如下："利用点对点的网络来防止双重支付。不存在印钞厂或其他受信任方。参与者可以是匿名的。新货币采用'Hashcash'算法中的工作量证明，新货币生成的工作量证明也能防止网络中出现双重支付问题。"中本聪将这篇9页的白皮书简单地命名为《比特币：一个点对点的电子现金系统》（*Bitcon: A Peer-to-Peer Electronic Cash System*），并在最后对该计划的所谓优势进行了说明，发出了如下惊世骇俗的言论："我们提议构建一种不依赖信任的电子交易系统。"

今天，比特币主页上这种"力求与众不同"的感觉依旧明显。在比特币主页的上方，比特币自称是一种新型的货币。它吹嘘道："比特币用点对点技术，在无中央机构或银行的情况下运作。比特币的管理交易和发行是由网络集体进行的。"在罗列其创新要素的页面上，比特币自称"为困扰银行的许多信任问题提供了解决方案。通过选择性的会计透明度、数字化合同和不可逆转的交易，比特币可以作为恢复信任和协议的基础。腐败的银行不能欺骗系统，以牺牲其他银行或公众的利益为代价来获取利润。未来比特币若能获得大型银行的支持，便可以帮助金融领域重建诚信和信任"。但该文件没有指出，对加密过程的信心是十分必要的！

比特币系统被描述为加密和点对点网络的结合，在这里，所有者可以拥有一定数量的比特币，但其拥有的不是实物资产，而是一个数字密钥，就像密码一样。每个比特币在创建时都带有时间戳，并包含了曾拥有过它的每个人的区块链记录，以此避免欺诈行为和假比特币出现。点对点网络引领了一个去中心化的系统，支持者们声称这样的系统几乎不可能被黑客攻击。在比特币系统中，可用的比特币总量据说被源代码限制为至多2100万个。新的比特币由"矿工"生产，他们通过结合处理能力和运气来解决一个复杂的计算问题，以此获得比特币的奖励。"矿工"数量的增加，使得对计算机功率和运行电力的需求加大，这也引发了一些有趣的情况。例如，委内瑞拉的比特币矿工因使用了太多的电力而导致电力中断。像比特币这样的加密货币不断被创造出来的事实也意味着全球范围的货币供应量在不断增加。

此外，也出现了一些不常见的损失状况。2018年的一份报道称，一名男子扔掉了他所有的一个旧的计算机硬盘，因为他把柠檬水洒在了上面。但该硬盘上有7500个比特币密钥，价值可能达到7500万美元，因此他不断试图说服负责垃圾填埋场的本地政府官员帮忙寻找这个硬盘。显然，这个案例并非个例。截至2018年，估计有多达300万个比特币因这类问题而丢失。如果这些比特币被找回，供应和价格会发生什么变化，我们就不得而知了。

如果我们说在纸币面世700年后的现在，对管理纸币事宜定论还"言之过早"，那么在比特币发行10年后的现在，我们也一定无法判定比特币究竟是货币的未来，还是只是数字时代的庞氏骗局。但有一点是毫无疑问的，那就是比特币和其他加密货币的价格经历了非常大的波动，它既为参与买卖的人们创造了财富，也令他们失去了财富。

加密货币发展中最重要的一个方面，可能便是它打乱了一切有关货币供应量的计算。根据行业网站CoinMarketCap的数据，2018年，所有加密货币的市值总和约为4170亿美元。而国际清算银行（包含所有央行的银团）曾在2018年估计，世界上的货币总量约为5万亿美元。根据中情局的数据，如果包括"广义货币"，那么货币总量为80万亿美元。因此，4170亿美元的加密货币的确有着重要意义，但没有压倒性的地位。然而现实情况是，没有人切实地知道已经存在的货币总额，也不知道未来会产生的货币总额。

总结

纸币供应具有弹性且供应量不断扩大，它总带有经济不稳定和价格上涨的风险。一些经济学家甚至声称，通货膨胀一直都是一种货币现象：货币供应量的增加会导致货币价值剧烈降低，以及货币信誉的丧失。商品和服务的卖家会要求市场供应越来越多的货币，导致物价上升和买家购买力的下降，这反过来又会引起选民的不满。在最坏的情况下，还会最终导致恶性通货膨胀的出现。

6 通货膨胀的度量

由于经济学家对通货膨胀的根本原因存在重大分歧，因此通货膨胀数据是争论内容之一也就不令人感到意外了。尽管居民消费价格指数是最常用的度量标准，但除了 CPI 之外，还存在一系列宛如"字母大乱炖"的通货膨胀指标，如个人消费支出价格指数（Personal Consumption Expenditures Price Index, PCEPI）、就业成本指数（Employment Cost Index, ECI）、生产者价格指数（Producer Price Index, PPI）、调和消费者物价指数（Harmonized Index for Consumer Prices, HICP）等。

为什么你不能相信通货膨胀的数字

《华尔街日报》在 2011 年 1 月曾发表过一篇由布莱特·阿伦兹（Brett Arends）撰写的网络文章，其标题为"为什么你不能相信通货膨胀的数据（*Why You Can't Trust the Inflation Numbers*）"。阿伦兹在文章中说，华尔街人士并不担心通货膨胀，因为在过去的 12 个月里，CPI 只上涨了 1.5%，而这是一个非常低的比率。如果剔除波动性强的食品和能源成本，那么这一比率仅为 0.8%。许多经济学家指出，工资每年的增长幅度不到 2%。由于这么多的人仍然没有工作，因此他们认为劳动力成本也将在很长一段时间内保持低位。通货膨胀保值债券在低通货膨胀率下价格会有所下跌，持有这些债券的投资者会面临损失。他说，十年期国债的收益率低于艾森豪威尔（Eisenhower）总统卸任时的水平。但他警告说，我们还是有很多事情需要担心的，因为通货膨胀的数据是不可信的。在过去的30年里，共和党和民主党领导的每一届政府都对计算通货膨胀的方式进行了改变，这些改变倾向于使通货膨胀率呈现出较为平缓的态势。

阿伦兹还提到了影子政府统计局（Shadow Government Statistics）的约翰·威廉姆斯（John Williams）发表的研究结果。约翰指出，如果计算通货膨胀水平所依据的商品组合保持不变，但对商品进行一些替换，通货膨胀数字便会降低了。譬如，若牛排的价格上涨，政府认为消费者会购买较为便宜的汉堡包，因此，便选择用汉堡包替代牛排进行计算。这样一来，价格水平似乎就下降了。此外，在使用"按质论价"（Hedonics）的技术性改进后，苹果电脑的价格也会显示为"降低"。按质论价是一种调整通货膨胀的方法，它将产品质量变化纳入考量。虽然某产品可能的确涨价了，但这一价格的增加是由于质量的提高，而不是因为通货膨胀造成的。如果一台电脑的价格增加了 10%，而电脑的性能完全相同，那么它反映出的是 10% 的通货膨胀。但如果制造商提高了电脑的速度和效率，那么价格的增加就不能被认为源于通货膨胀因素。因为从本质上讲，实际的产品已经发生了变化，不可能直接进行比较。

人们不能相信统计数据的另一个原因是，这些数据都存在滞后性，即它们是对已经发生的事情的记录，而不是展示即将发生的事情。在阿伦兹发表文章时，联合国食品价格指数刚刚创下新高，石油价格达到每桶近 90 美元。但这些原材料价格的上涨还没有反映在未来几个月的居民消费价格指数和超市价格上。他还说，通货膨胀数据不可信是因为美联储一直在向世界注入超额的美元，将货币基础规模扩大一倍，以防止美国经济崩溃。

度量通货膨胀的历史

显然，最早进行指数研究的是一名英国的主教威廉·弗利特伍德（William Fleetwood）。弗利特伍德曾在1704年出版一本书籍，名为《行情表：过去600年英国货币、玉米和其他商品价格的记录》。他解释自己进行这项研究的原因是，牛津大学的一个学院曾要求成员发誓，如果他们的个人财产收入每年超过5英镑，就必须自行退出。但问题是，这一要求制定于公元15世纪，经过300年后，货币的价值已经有所下降。1700年的学生或教师如果拥有更多的财产收入，是否也能自觉地履行这一誓言呢？因此，弗利特伍德对1400年和1700年的四种商品，即玉米、肉、饮料和布的价格进行了比较（均以英镑为单位计价）。他得出的结论是，这些商品的现值约为25英镑。因此，他表示，一个成员的当前年收入若为30英镑或更低，则应该被认为相当于15世纪时收入为5英镑的水平。

与调整通货膨胀的努力类似的是，1780年马萨诸塞州政府为防止独立战争期间的士兵发生骚动，发行了将实际价值与"表格标准"（Tabular Standard）挂钩的债券。这是由于当时士兵们的工资是以债券为形式发放的，他们担心随着物价上涨，债券的价值会下降。

更现代的通货膨胀定义可以追溯到经济学家欧文·费雪，他曾在19世纪末研究了这个问题。根据扎卡里·卡拉贝尔（Zachary Karabell）在其《领先指标》（*The Leading Indicators*）一书中的说法，欧文·费雪是"……一个牧师的儿子，被灌输了坚定的是非观念和扎实的数学背景"。他认为"经济模式可以作为科学现象来观察和量化"。他与芝加哥大学的本科生韦斯利·米切尔（Wesley Mitchell）合作，创造了我们今天所知的价格指数的基本原理。欧文·费雪的论文名为《价值和价格理论的数学研究》（*Mathematical Investigations in the Theory of Value and Prices*），随后他把这一论文作为他所授的本科生课程的基础。欧文·费雪对美国劳工统计局（Bureau of Labor Statistic，BLS）的工作十分不满。美国劳工统计局是一个成立于1884年的组织，隶属内政部，其工作内容为收集与就业和劳动有关的信息。劳工统计局在1919年开始了居民消费价格指数的统计，而欧文·费雪随后也在20世纪20年代自行成立了"指数研究所"（Index Number Institute），想试试看自己能不能做得更好。

韦斯利·米切尔和欧文·费雪面临的挑战是如何收集信息并根据全国不同地区消费者品味和习惯的变化进行调整。他们接下来的一个挑战便是，确定清单上的哪些项目代表了人们所消费的"一篮子"商品和服务。由于人们的品位会发生变化，因此消费者不太会在一段时间内购买相同的100种商品。欧文·费雪解决这一问题的办法是改变各种商品和服务的权重。

篮子里的商品价格和不同价格变化的意义，取决于家庭购买各种商品和服务的数量。相对于小规模的商品或服务消费而言，大规模的商品或服务消费被赋予了更大的权重。这意味着大规模消费的商品或服务的价格变化对CPI的影响，要大于小规模消费的商品或服务的价格变化对其的影响。

在选定了准确反映消费者行为的一篮子商品后，便是以月为单位，定期计算一篮子商品代表的价值。该指数每月根据篮子内项目的价格变化而变化。如果所有指数项目的价值增加10%，那么通货膨胀率便是10%。但指数成分的变化是该系统的一项基本缺陷，这是由于指数成分是根据消费者调查而改变的，但这类调查本身也会存在误差。

指数的构建

截至21世纪初，美国都在使用一种CPI度量系统，该系统工作的第一步便是为经济中的"典型"消费者构建"一市场篮子"的商品和服务。相关研究涵盖了数以千计的物品，跨越数百个主要的消费品或服务类别，包括食品、住房、服装、交通、医疗、娱乐、教育、通信，以及"其他"。这一篮子物品将根据家庭购买模式的变化，每隔几年调整一次。

劳工统计局的研究人员采访了美国各地的多个家庭，通过了解这些家庭实际购买的物品，将购买最多的实际物品纳入指数的计算中。除了这一调查之外，他们还要求这些家庭记录自己的消费习惯。篮子里包括的商品价格和不同价格变化的意义，取决于家庭购买的各种商品和服务的数量。大规模消费的商品或服务，比小规模消费的商品或服务给予更高的权重。这意味着大规模消费的商品或服务的价格变化对消费物价指数的影响，比小规模消费的商品或服务的价格变化更大。他们的下一步工作便是定期（通常为每月）确定篮子里每个项目的价格，然后计算整个篮子的价值，当然也要在这一过程中考虑每种商品和服务的不同权重。如果整个篮子的价值上升了 10%，那么 CPI 通货膨胀率将是 10%。

每个指数都必须有一个"基线"日期，以便度量后续数据。在美国，CPI的基准是20世纪80年代的价格水平，其基线被设定为100。在21世纪初，根据《劳工统计局方法手册》（*Handbook of Methods Bureau of Labor Statistics*），每个月，美国劳工统计局从全国88个地区的约21,000个网点收集约70,000个价格数据，这88个地区被称为初级抽样单位（Primary Sampling Units, PSU）。每个月，统计局在5个大的城市地区（包括8个初级抽样单位）收集所有物品的价格数据，而在其他地区则只收集食品、燃料和其他一些物品的价格数据，余下物品的价格数据则每两个月收集一次。此外，对于住房方面的CPI，统计局则收集了约40,000名租户或房东的数据，以及约20,000名房屋所有人的信息。对于汽油价格，纽约地区各个加油站的价格将被汇总起来，构建出该地区的汽油价格指数。该方法同样适用于其他价格组别，如新汽车价格、医生服务价格、女装价格、碎牛肉价格等。这些组别中存在一些同质性，但不是所有组别均如此。例如，你可能会说，碎牛肉在各地都是差不多的，这一点确实是有待商榷的。而某些情况，例如医生的服务，却是有各种各样的可能性。尽管如此，清单上的所有各项假设全面覆盖了所有的消费者支出情况。但在这一过程，偏差已悄然出现。例如，在医疗费用方面，人们只收集了自付费用的数据，以及医疗保险不覆盖的部分。

杜松子酒与通货膨胀度量

杜松子酒的历史能让我们对度量通货膨胀所面对的巨大挑战有进一步了解。2017年3月，英国国家统计局（Office for National Statistics, ONS）宣布，颇受欢迎的酒类饮料——杜松子酒，将作为新增项目加入"一篮子商品"（英国国家统计局用于度量通货膨胀的工具）中。这是自2004年以来，杜松子酒首次被专门列入一篮子商品中。在此之前，20世纪50年代，杜松子酒的价格曾包括在篮子内，一开始，杜松子酒只作为"烈酒"组别中的一部分，后期则被单独计算，随后它又被移出了"葡萄酒和烈酒"的类别。

2015年，在英国，杜松子酒的销售额超过了威士忌。2016年，杜松子酒的销售额超过了10亿英镑，创下了历史新高。2017年间，英国销售了4000万瓶杜松子酒，足以制造11.2亿杯金汤力，也就是平均每个英国成年人（能分到）28杯。在当时，杜松子酒已经不仅是一大产业，而且出现了越来越多的口味，如柑橘、香菜和小豆蔻等口味，而这只是高端精品品牌中所添加的部分成分。评论家们也纷纷谈论杜松子酒的"复兴"。由于杜松子酒重新获得了市场青睐，英国国家统计局在2017年3月将其纳入篮子商品之中。

但杜松子酒并不是唯一回到篮子里的物品。自行车头盔也经历了与杜松子酒类似的"缺席"时间，随后被重新纳入篮子。此举反映了英国在奥运会和环法自行车赛上取得成功后，自行车运动和休闲骑行风气的增长。在2017年，其他新加入篮子的物品包括巧克力涂层饼干、非乳制品奶、调味水、止咳液、儿童滑板车和拼图。从篮子中移除的物品则有薄荷烟、单排水槽、机动车刹车片、移动电话听筒和儿童秋千。

多年来，一篮子商品作为一种神奇的剪影，呈现了消费者的消费习惯的改变，以及社会的变化和发展。英国1947年的篮子中含有兔肉、食用油、硬糖、花呢运动外套、紧身衣、橡胶滚筒桌夹和鱼肝油。1970年的物品清单中则包括了奶油饼干、5种不同类型的培根（中段、后段、五花肉、肩肉和后腿肉）、桶装黑啤、乳胶底地毯、乙烯质地长裤、女士洗发水和套装，以及足球比赛门票。

诚然，这些变化十分有趣，但英国国家统计局和其他国家的同等政府组织编制此类清单的目的并不只是为了了解社会如何变化。创建、编制和更新一篮子商品的目的是为了准确地监测经济中的价格变化率。但这是一个比乍看时更困难的挑战，而且一旦结果出错，可能会产生严重且持续的影响。

博斯金委员会

1995 年，美国参议院成立了一个"消费者价格指数研究咨询委员会"，由斯坦福大学教授迈克尔·博斯金（Michael Boskin）领导。其目的是研究美国劳工统计局在计算居民消费价格指数时可能存在的偏差。有人怀疑统计数字对通货膨胀实情有所夸大，而这对政府制定政策有着重要影响。博斯金委员会在 1996 年底发布的报告中称，对于 1996 年这一年，由 CPI 表示的通货膨胀率将实际情况夸大了每年 1.1%，而在 1996 年之前，这一比例约为 1.3%。如果考虑这 1.3% 在 10 年间的复合叠加，那么这个误差是巨大的。这项工作有着十分重要的政治意义，这是因为 CPI 常被用来计算各种退休和抚恤项目的年支出增长额度，而其中最重要的一项便是政府的社会保障支出。研究结果表明，美国政府在退休项目上的支出增长超过了其应有的水平。更重要的是，对未来的预算赤字预测也过大了。由此得出的结论是，由于存在夸大通货膨胀的情况，因此到2006年时，美国国债将增加6910亿美元。

1997年，美国联邦储备委员会主席艾伦·格林斯潘（Allan Greenspan）证实，CPI每年将实际通胀情况夸大了0.5至1.5个百分点，他呼吁国会做出改变。格林斯潘先生说，美联储经济学家的研究基本上证实了博斯金委员会的调查结果，并得出结论称，除非做出改变，否则到2006年，这一数据被夸大的问题将导致国会向社会保障和联邦福利计划的受益人多支付1480亿美元。

博斯金报告里提到，通货膨胀统计中的偏差有四个主要来源：

1. 替代性偏差。

2. 购物地点替代偏差。

3. 质量变化偏差。

4. 新产品偏差。

报告里解释说，在价格发生变化时，消费者会使用价格较低的产品替代价格较高的产品，这便导致了替代性偏差。当消费者去低价零售店购物，而这个店铺不在数据收集者使用的零售样本中时，就会发生购物地点替代偏差。当产品质量有所改进（如能源效率提升或耐用性增强），而这些改进没有被纳入衡量时，就会出现质量变化偏差。当新产品没有被包括在市场篮子里，或在很长一段时间后才被包括进来时，就会出现新产品偏差。报告称，所有这些偏差都导致了 CPI 数据的不准确，也简明扼要地说明了通货膨胀度量的关键问题。

构建通货膨胀指数的关键挑战是，我们生活在一个经济快速变化的世界里，当每天都有新的商品问世时，我们很难准确定义生活成本的含义。衡量一瓶牛奶价格的变化可能很容易，但当一种可以治愈癌症的新药面世，而癌症以前是无法被治愈的，这一变化又该被如何计算呢？有越来越多的人正在购买以前并不存在的商品。

质量问题也是一个重大挑战。如今有许多商品表面上看起来与过去别无二致，但实际已在多年时间中经历了巨大的变化。汽车便是一个这样的例子。今天的汽车与过去相比已大大不同，改进巨大，也为我们带来了从前没有的各种便利。

现在，经济型航空公司的出现使飞机出行的价格比以前要便宜得多，这是一个替代性偏差的实例。虽然产品是完全一样的，但价格较低的产品被替代了，这一点可能被数据收集者忽略。它引发的结果便是CPI过度上涨，并不能代表市场上实际发生的情况。

如果新的商店被纳入指数价格数据收集者使用的零售商店样本中，就会产生购物地点替代偏差。一个卖场的价格可能比其他卖场低，也有可能更高，选择错误的卖场可能对CPI数字产生影响。现在，随着网络购物的发展，相关挑战越来越大。因为如果只依赖实体零售店的数据，可能会导致商品和服务的价格被严重夸大。众所周知，网商的价格往往比实体零售店的价格便宜得多。亚马逊的价格已经一次又一次地说明了这一点。交付的类型也很关键。购买一本纸质书通常要比以电子方式传输的、能在iPad上阅读的书籍要贵得多。但最大的影响源自CPI低估了购物者从产品质量的改善和大量新产品中获得的好处。

美国GDP数字遭质疑

2013年，投资者彼得·希夫（Peter Schiff）提出，

多年来，美国政府的官方数据显示的国家经济规模远远超过实际情况。他说这是由美国国内生产总值的计算方式造成的。在编制GDP时，政府提出了两个类别："名义"GDP，即不考虑通货膨胀的GDP；"实际"GDP，即会因价格上涨而略加调整的GDP。后者的使用范围更加广泛。而获取实际GDP数字时并不使用由劳工统计局编制的CPI，而是使用由经济分析局编制的"GDP平减指数"作为度量标准。这种测量方法与CPI不同，它在如何权衡和选择样本篮子中包含的商品和服务方面具有更大的灵活性。在1947年至1977年期间，劳工统计局和经济分析局得出的数字几乎是相同的，即物价水平在这30年期间的上升幅度约为173%。然而，在那之后，它们之间出现了分歧：在1977年至2013年期间，居民消费物价指数几乎上涨三倍，达到292%；相比之下，GDP平减指数的数字仅显示上涨两倍，即达到209%。

根据彼得·希夫的说法，政府官方数据使用的是GDP平减指数，估计美国经济总量约为17万亿美元。但是，将这36年期间的GDP平减指数换成CPI的话，美国的经济规模看起来就小很多了，仅为13万亿美元。换句话说，美国的经济规模比人们想象的要小28%。这个例子生动地说明了通胀指数中商品的选择和权重的分配，会对通货膨胀数据造成很大影响。

人们实际购买的东西是什么

长期以来，英国的民意调查中一直存在着一种叫做"隐藏选民"（Shy Tories）的现象。这种现象是指当人们被问及在大选中的投票选择时，有些人不愿意告诉民调机构他们的真实意愿，因为他们不想感到尴尬或不想让民调机构对他们有不好的看法。隐藏选民现象被用来解释民意调查错误地预计大选结果的情况，此类情况在1969年、1992年和2015年均有出现。这不是英国独有的现象。在美国1982年的州长竞选中，加州的民意调查机构曾错误地预测汤姆·布拉德利（Tom Bradley）会获胜，自那之后，在美国，类似的现象被称为"布拉德利效应"（Bradley Effect）。最近而言，美国2016年出人意料的总统选举结果也可能源于特朗普支持者的"隐藏"心态。鉴于特朗普在大众媒体上受到的抨击和责难，许多人不想承认自己喜欢他或会投票给他。

任何调查结果都受限于接受问卷的人所提供的信息，这在各种领域都是如此。例如，卫生部门在处理酒类影响方面存在的一个问题是，人们会低估自己的消费水平。同样，人们可能对他们在互联网上访问成人色情网站的数量非常"谦虚"。2017年1月，Pornhub网站透露，在过去的12个月里，其网站上游客观看的视频数量达到920亿个，观看时间共计高达60亿小时（或相当于524,641年）。这些都是十分庞大的数字，但却从未反映在消费者使用的官方调查中。当然，Pornhub仅仅是众多色情网站中的一个，所以，人们花费在色情网站上整体的数量和时间可能还要比这一数据高得多。

同样，通货膨胀的"市场篮子"表述也可能有许多错误，因为它是基于人们"说"自己买了什么，但这可能与他们实际购买的东西并不一致。例如，2014年，英国国家统计局得出的数据显示，英国与使用违禁药物和情色交易相关的消费共计约110亿英镑（情色交易43亿英镑，违禁药物67亿英镑）。如果将这些数字加到整个国内生产总值中，则意味着英国将超过法国，成为世界上第五大情色交易和违禁药物的消费国。可是，虽然这些产品的消费金额巨大，但调查对象是极不可能透露自己的真实花销的。

不断变化的时间和地点偏差

目前的结果是,官方的通货膨胀数据偏离了人们实际的消费状况。通胀数据还受到以下事实的影响:更新市场篮子商品清单的时间间隔可能太长,特别是考虑到目前商品和服务推陈出新的速度时,这一点便尤其明显了。最后,通货膨胀研究人员在更新市场篮子时并没有回头对过去的指数进行修订,因此,从本质上讲,他们类似于是在比较苹果和橘子。

在美国,量化数据有两个获取来源。人口普查局会开展"购买点调查"(Point of Purchase Survey, POPS),这是一项对家庭的调查,以确定家庭消费在各种商店中的分布。然后,美国劳工统计局在该数据的基础上,根据网点在特定调查区域内某一项目总支出中的份额,选择一个网点的样本。在确定了商店的样本后,劳工统计局的研究人员会走访每个被选中的商店,并选择一个或多个具体的项目(如某一品牌的肥皂粉)来研究价格。任何特定商品被选中的机会都是基于其在该商店收入中的份额,因此,更受欢迎的商品会有更大的机会被选中。样本会定期进行更新,而商场和商品的选择都是样本轮换过程的一部分。

尽管劳工统计局试图在每个月重新收集相同商品的价格,但这往往是不可能的。这是因为以前收集过价格的商品已经卖完了,或者由于某种原因已经停产或不可用。这种情况可能经常发生,特别是当涉及女装时,其款式经常变化。想象一下,在 H&M、Forever 21 或 Zara 等"快时尚"服饰店里试图找到同样的商品是很困难的。当一件商品无法被找到时,劳工统计局的研究人员就会用新的商品来代替。劳工统计局设有一套准则,该准则可以用来寻找直接可比的商品。然后,如果不能找到直接可比的商品,就使用新的物品,并相应地调整价格。但上述决定过程都是非常主观的,会由特定的研究人员决定。

市场篮子的偏差

构建"市场篮子"的过程中可能会出现许多错误,不仅因为被选择加入篮子的项目可能是错误的,还由于构建篮子的过程是基于人们"说"自己购买了什么而非实际购买。然而,人们的说法可能与实际情况并不一致。例如,我们知道在美国,部分违禁品的销售量很大，但调查对象很少会承认自己预算中有很大一部分金额是用于购买此类商品的。

接下来当然是如何确定一个普通消费者支出了多少钱的问题，以及税收如何计入一个特定家庭的总收入？之后的生活费用是多少？然后在医疗方面，有多少是由保险支付的，有多少是消费者自掏腰包的？领取社会保障和养老金的人与不领取社会保障和养老金的人的财务状况也有所不同。

还有一个问题是，如何持续保持商品和服务的CPI样本具有代表性。鉴于提供给消费者的新物品清单不断变化，这几乎是不可能做到的。此外，还存在一些销售点关闭和其他销售点开业的问题。所以，需要针对这些问题进行不断更新，以使样本具有代表性。

个别项目的质量变化也是一个问题。随着价格的变化，消费者可能倾向于通过改变采购组合来最大限度地降低成本。消费者的购物倾向是多买降价的商品，并且少买涨价的商品。

数据收集的困难

2005年，一些评论家质疑政府在酒店价格方面的通货膨胀数据的准确性。我在旅行的过程中，已经感受到了酒店房间价格的巨大变化。在20世纪70年代，我能够以每晚100美元的价格入住一个好的酒店房间，但到了2000年，同样房间的每晚价格已逼近300美元。2005年，根据劳工部的数据，9月份的酒店价格比一年前同比下降了2.5%，但行业高管却说，这一价格实际上在大幅上涨。一位统计学家说，政府的酒店价格指数没有纳入商务旅行的酒店价格，价格较高的商务房价往往被剔除出去了。希尔顿、万豪、喜达屋等酒店在运营商报告中声明，每间可用房间的营业额增长达两位数，这表明每晚酒店房价正在上升。

复杂性

2015年，在英国一篇论文的一个章节中，作者阐述了衡量消费价格的复杂性，并讨论了国家统计局所使用的衡量方法。

居民消费价格指数可以在三个主要时间点衡量消费成本：在获得商品和服务的时候、在为这些商品和服务付款的时候，以及在使用这些商品和服务的时候。对于一些商品和服务来说，这三个时间点是十分接近的。但对于诸如家具、家用电器和汽车等寿命较长的商品（所谓耐用品）而言，购置商品的价格可能与在同一时期内使用这种商品的费用不同，比如人们租赁商品用以使用的情况。这类物品的处理方式可以与非耐用品和服务一致。但房产是这一规则的一大例外，房产可以随着时间的推移保持原价，甚至增值。收购、支付和自住的住房成本的侧重点不同会导致估算方法不同。其他随时间升值的商品，如古董，通常不包括在消费者价格统计中。

数据收集

即便是只看一下调查中收集的部分内容，我们也能够发现收集价格信息的难度和复杂性是令人震撼的：

铁路客运	公路客运	航空客运
海上和内陆水路的客运	邮政服务	电话和传真设备及服务
视听设备及相关产品	声音和图片的接收和复制	摄影、电影和光学设备
数据处理设备	录音媒介	视听设备及相关产品的维修
其他用于娱乐和文化的主要耐用品	室内/室外娱乐的主要耐用品	其他娱乐项目、园艺和宠物

游戏、玩具和业余爱好	体育和露天娱乐的设备	花园、植物和花卉
宠物、相关产品和服务	娱乐和文化服务	娱乐和体育服务
文化服务	书籍、报纸和文具	各种各样的印刷品、文具、绘画材料
度假套餐	教育	餐饮服务
餐馆和咖啡馆	食堂	住宿服务
个人护理	理发和个人美容机构	个人护理的家电和产品
个人用品	珠宝、时钟和手表	其他个人用品
社会保障	保险	房屋财产保险
健康保险	交通保险	金融服务

官方数据与现实的冲突

2004年9月，经合组织首席统计学家恩里科·乔凡尼尼（Enrico Giovannini）在《经合组织观察员》（*OECD Observer*）上发表的一篇采访中，就博斯金报告对美国通货膨胀统计数据表示批评之后，对统计的价值发表了非官方的看法。当乔凡尼尼在意大利统计局担任经济统计主任时，他决定每年更新居民消费价格指数的类别。

将官方通胀数据与民意调查所得出的"感受通胀"相比较，在2002年引入欧元之前，这两条线是同步的。但在欧元引入后，民众感受到的通货膨胀水平比官方的衡量标准上升得更快。显然，随着欧元的引入，一些经常购买的物品价格比其他物品上涨得更多。由于很难为新纸币和硬币赋以正确的价值，因此购物者可能会高估新货币的价值。

货币混乱——腾格

1993年，哈萨克斯坦发行了一种新的货币——腾格（Tenge），希望它能结束当时正在发生的螺旋式通货膨胀。新货币取代了从前苏联就开始流通的旧卢布（Ruble）纸币。街头商贩试图将通胀中的卢布兑换成腾格，但随后才意识到并没有人愿意入手卢布，此事引发了较大的市场混乱。在发现1993年的前十个月的通货膨胀率为月均30%时，政府陷入了恐慌，担心国家处于恶性通货膨胀的边缘。但当然，因不确定该使用哪种货币而带来的混乱也进一步使局势恶化。最终，卢布消失于市场，腾格成为主要货币，并且随着经济在20世纪90年代末的复苏，通货膨胀水平也稳定了下来。

巴基斯坦统计局的担忧

2012年，巴基斯坦统计局计算居民消费价格指数的方法受到了质疑。在宣布该年3月的数据有10.8%的涨幅时，统计局局长说，由于"技术原因"，该月电价上涨38%的情况没有被纳入计算。他解释说，2011年8月宣布的电价上涨是有追溯效力的，但在2012年3月才进行收取。这一逻辑并没有让电费支出增多的消费者满意。另一个争议集中在牛奶价格下降15.4%的问题上，这完全是由于一个营地委员会决定冻结本地区的价格，但这一决定并不适用于该国其他地区。批评者指出，统计局并不完全独立，因此，它难免受到政府政治议程的影响。总部设在华盛顿的研究机构国际粮食政策研究所（International Food Policy Research Institute，IFPRI）说，巴基斯坦的CPI计算仅仅主要描述了城市地区的通货膨胀，而忽略了农村地区。他们还提到了巴基斯坦指数中各种商品类别的权重问题。批评者说，政府正在通过改变指数组成部分的权重来操纵统计数据，以便将通货膨胀率降低。

英国通货膨胀数据的可信度

在 2006 年 8 月，英国出现了围绕居民消费价格指数的争议，当时，英国国家统计局表示，尽管电力和天然气价格的上涨已达到 26 年中的最快速度，但统计局编制出的通货膨胀率却比前一个月有所下降。

埃德蒙·康威（Edmund Conway）在《每日电讯报》（*Daily Telegraph*）上写道，国家统计局低估了水电费上涨对整体通胀数据的影响。他表示，在通胀计算中，加权后的燃气费只上升了 17%，但燃气的实际成本却上升了 64%。他说这一差异的存在使得政府有必要对 CPI 中每个组成部分的权重进行修改。一些专家还警告称，官方的通货膨胀测量数据掩盖了一个事实，即养老金领取者的生活成本比其他人群的生活成本上升更快。

2008 年，《每日电讯报》的研究显示，食品和燃料价格的上涨，以及税收和其他家庭支出的增加，均说明了普通家庭正经历着比官方估计要高出一倍的通货膨胀。根据他们在价格比较网站 moneysupermarket.com 收集的真实生活成本指数来计算，物价实际上涨了 9.5%，而政府的 CPI 却只显示了上涨 3%。他们说，一种解释是 CPI 中没有包括家庭税或抵押贷款的开支，而这些是许多家庭的重要支出。他们还提到，在计算通货膨胀时，税款是非常重要的一项，因为所得税和国家保险缴款会占据一个家庭平均收入的 36%。此外，食品杂货费比前一年平均上涨了 23%，但个别物品的价格上涨幅度会比这一数字更大，如大米价格上涨了 80%，冷冻豌豆则上涨了 73%。另外，尽管房价下跌，但由于银行抵押贷款的利率上升，每周支付的抵押贷款费用实际上增加了 11%。

在对利率进行检验后，他们表示，尽管英格兰银行自 4 月以来一直将基准利率保持在 5%，但就消费者而言，银行利率其实还是在继续上升，而这对固定利率抵押贷款即将到期的人们带来了冲击。

印度——数据收集困难

2005 年，印度商业和工业部对商品的批发价格指数清单进行了修订。在 1970 年至 1971 年和 2004 年至 2005 年之间，物品的数量有明显的不同。食品和矿物等初级物品的数量从 80 个上升到 102 个，燃料和动力商品从10个上升到19个，制成品从270个上升到555个，所以从总体上来说，指数中的产品数量从360个上升到676个。同时，收集到的价格数量也从1970年至1971年间的1295个增加到2004年至2005年间的5492个。由此带来了一个明显的问题：这两组数字如何能够合理地进行比较？

巴西的经验

巴西在通货膨胀方面具有很多经验，准确地说，是恶性通货膨胀的经验。1990年4月，巴西通货膨胀指数达到了历史最高水平6821%。我记得当我在里约热内卢时，通货膨胀率降至2000%，我对我的巴西朋友说："哇，2000%的通货膨胀！"他回答说："这不是很好吗？上周是3000%！"可以看出，巴西人对通货膨胀以及如何度量通货膨胀的兴趣极大。截至2000年初，仍有许多组织在计算CPI和其他指数，其中三个最重要的组织分别是巴西智库瓦加斯基金会经济研究所（IBRE FGV）、巴西国家地理与统计局（Instituto Brasileiro de Geografia e Estatística，IBGE）以及圣保罗市政府创建的一个统计局。

FGV编制了一般价格指数（General Price Index，IGP-DI），用于对某些管制价格进行修正，并一度用于调整电信价格。市场一般价格指数（General Price Index-Market，IGP-M）则被广泛用于调整金融交易额，如合同和通货膨胀联结债券，以及调整电力价格。FGV还编制了广义生产者价格指数（Broad Producer Price Index，IPA）、全国建筑成本指数（National Index of Construction Costs，INCC）等。这些指数覆盖了巴西七个最大的都市区。此外，不同组织也编制了其他的一些类似指数。

不用说，鉴于各种指数所使用的方法不同，它们的变化也有很大差异。政府在多年来抑制通货膨胀的努力过程中孕育出了一些"计划"，如夏季计划（Summer Plan）、科洛尔计划（Collor Plan）、科洛尔二号计划（Collor II Plan）和雷亚尔计划（Real Plan）。每个计划都包含对通货膨胀测量的要求，但由于除雷亚尔计划（以新货币雷亚尔命名）外的所有计划均告失败，因此政府一直在努力改变通货膨胀的测量方式。而使情况更加复杂的还有巴西频繁的货币变更，从1967年到2000年，巴西共经历了8次货币变更：1942年至1967

年间使用克鲁塞罗（Cruzeiro）；1967年至1970年间使用新克鲁塞罗（Cruzeiro Novo）；1970年至1986年间再次启用克鲁塞罗；1986年至1989年间使用克鲁萨多（Cruzado）；1989年至1990年间使用新克鲁萨多（Cruzado Novo）；1990年至1993年间再次使用克鲁萨多；1993年至1994年间使用克鲁塞罗雷亚尔（Cruzeiro Real）；1994年推出雷亚尔（Real）。

1986年，当巴西宣布开展克鲁萨多计划时，政府同时实行了大型价格冻结措施，人们纷纷前往商店检查价格，以防止出现任何物价上涨的情况。但是当科洛尔总统宣布第四次价格冻结时，没有人再相信价格会真的保持不变了。一位55岁的木匠对路透社说："忘掉这些关于冻结的说辞吧，物价已经在夜间完成上涨了，我看见它们上涨了。"在这种环境下，对任何通货膨胀指数中的价格进行密切跟踪都是不可能完成的。

土耳其国内的通胀差异

在土耳其，通货膨胀也表现出了地域差异。2018年年中，伊斯坦布尔商会公布2018年7月伊斯坦布尔的消费价格增长了0.52%，而2018年6月为1.27%，2017年7月则为0.2%。报告指出，官方通胀数据和伊斯坦布尔通胀数据之间的相关性不是特别大，两者在7月的数据可能存在较大差异，但从过去两年的数字可以看出，两者间具有较强的相关性。但在仔细观察后，我们可以看到，伊斯坦布尔7月份的食品通胀变化为0.7%，而安卡拉地区食品调查显示价格上升了1.4%，此外，6月份也出现了价格的大规模增长。

马来西亚的担忧

1995年1月，有人担心马来西亚的消费者价格指数低估了通货膨胀水平。此外，一些批评者说，亚洲一些国家的政府都在做同样的事情，他们每5年或10年调整一次居民消费物价指数的组成部分，因此，价格指数并无法反映出消费模式的变化和本地区城市的快速增长，而最高的通货膨胀现象正是发生在城市地区。因此，居民消费价格指数这一最被广泛引用的通货膨胀度量手段，不能及时反映消费模式的变化和本地区城市的快速增长。

马来西亚政府官员承认，主要城市的通货膨胀率高于该国其他地方。CPI数字低的原因之一是住房等快速升值的项目被排除在了该指数之外。另外，在那时，政府可以控制重要商品的价格，如大米、食用油、化肥和燃料，而这些价格几乎占到了指数比重的40%。

南非民众同样持怀疑态度

2003年的一份报告称，南非民众对官方通货膨胀数据持怀疑态度。报告说，南非统计局宣布4月份的官方通货膨胀率比最初的预期低了近两个百分点，这本应让南非民众感到兴奋，但事实并非如此。南非储备银行在财政部的支持下设定了3%至6%的通货膨胀率目标。根据预计，当年的通胀水平将达到10.4%，而最终经过度量显示，通胀率仅为8.5%——更接近通货膨胀的目标区间。

即便通胀曲线的下移有望使储备银行降低13.5%的官方利率，使人们口袋里的钱增多，但大多数南非人对这一数据持怀疑态度。通货膨胀率降低的主要原因是南非统计局在计算居民消费价格指数时犯了一个错误——他们在计算中使用的租金部分数据存在过期与夸大问题。令南非统计局难堪的是，这一错误的揭露并非源于机构本身的警觉性，也与政府官员的警惕性无关，这一问题实际是由一家私人银行的投资组合经理发现的。但财政部表示，早在 2002 年初，其就对南非统计局数据的可靠性表现出了担忧。

南非政府承认了通胀数字存在的错误并对 3 月和 4 月的数字予以修正，这一举动发生的背景是塔博·姆贝基（Thabo Mbeki）总统和主要反对党民主联盟领导人托尼·莱昂（Tony Leon）之间正就政府是否能赢得反贫困战争进行激烈的选举争论。姆贝基列举了一系列经济数据，包括 10 年的经济正增长和过去 18 个月南非兰特对美元的汇率上涨情况。但是，莱昂先生引用的数字则指出了失业率（尤其是黑人社区内）的上升，以及席卷全国的艾滋病疫情所造成的人力和经济成本。他说，对许多人来说，尽管拥有了政治自由，但生活却变得更糟。可是，政客们利用数据来支持反对派立场的做法，不可能增强公众对统计数据或统计学家的信心。南非工会大会的一位经济学家说，南非民众经常对他们不喜欢的数据提出质疑，而不会去处理数据所反映的社会问题。他说，南非的政治家们有一种趋势（如果算不上是一种传统的话），就是操纵甚至制造统计数据，来弘扬自己的意识形态信仰。

最臭名昭著的、为政治目的使用统计数据的行为来自过去的白人政府，当时的白人政府将数百万南非黑人排除在官方数据之外（包括人口普查员收集的信息），这样做的理由是认为黑人不是南非公民，而仅仅是被分配到部落的人民。

收入差异

目前世界各地存在难以确定平均收入水平的问题。例如，在2016年，美国康涅狄格州的格林威治居住着一些富有的对冲基金经理，这使该地成为美国最富有的城镇之一。但在康涅狄格州内部，格林威治和州府哈特福德等城市的财富水平间存在极端差异。在距离格林威治海岸线较远的工业城市布里奇波特，收入不平等的程度甚至更高。因此，试图确定一个能代表所有人的指数是一项不可能完成的任务。

统计数据无法衡量的东西

1968年3月，罗伯特·肯尼迪（Robert Kennedy）在堪萨斯大学做了一次演讲，这也是他美国总统竞选活动中的一站。他在演讲中发表了一段著名言论，对GDP被用作衡量一个国家的数字进行了批评，他对听众说道："我们的国民生产总值现在为每年8000多亿美元，但这个国民生产总值计算了空气污染和香烟广告，以及解决公路事故的救护车费用，却没有考虑到我们孩子的健康、他们的教育质量或他们游戏的乐趣。它也没有包括我们的诗歌之美或我们婚姻的力量，我们公开辩论的智慧或我们公职人员的廉洁。它既不衡量我们的机智，也不衡量我们的勇气；既不衡量我们的智慧，也不衡量我们的学识；既不衡量我们的同情心，也不衡量我们对国家的献身精神。总之它衡量一切，但不包括那些使生命有价值的东西。"

总结

尽管计算机的运算模型很复杂，但准确捕捉人类的实际行为是非常困难的。首先是代表"典型"消费者的抽样项目的复杂性。如果这种抽样真的存在的话，需要将它们与不断变化的消费者行为，以及新型的、改进过的产品发布保持同步。与此同时，通货膨胀数据如果出现度量错误，其后果将是非常严重的。如果通货膨胀数据是错误的,这不仅意味着政府所做决策的依据是错误的,并且说明我们每个人在日常生活中,也根据错误的数据做出了决定。

7 控制与操纵通货膨胀

政府的既得利益

政治上而言，CPI的调整修正是一个烫手山芋，因为这一指数被用来计算关系到数千万人的消费支出。在美国，CPI数字影响着联邦福利项目的生活成本调整规模，涉及如社会保障、平民和军人退休金、老年人福利和食品券等多个领域。税法的许多特征，如个人免税额和标准免税额的大小，也与CPI挂钩。

正如博斯金委员会的报告所言，任何改变消费物价指数本身，或用于确定福利水平和税收责任的方式的决定，都可以为未来的联邦预算减去数千亿美元的赤字，这也是一开始组建博斯金委员会的原因。

显然，对通货膨胀数字施加影响与所有政府的既得利益一致，无论是从吸引外国贷款或投资的角度，还是从降低工资要求的角度来看均是如此。而当政府能够影响这些数字的编制时，操纵数据的诱惑便始终存在。即使政府表现得体，并在政府自身和统计人员之间保持适当的距离，也可以看得出通货膨胀数据是多么容易被改变，并且即使仅仅是零点几个百分点的差异也会造成巨大的影响。

中央银行试图控制通胀

中央银行曾被批评即使在借款利率很低的情况下也要紧缩货币供应,但在通货膨胀上升时又采取会进一步引发通货膨胀的财政政策。长期以来,经济学家和政策制定者之间就数据的正确解释和应该采取的行动而争论不休。有一些自由派人士认为,采取宽松的财政政策(即增加政府开支),经济将出现增长,债务亦会更容易被偿还。另外,降低利率也利于政府偿还债务。保守派则对政府借贷的想法持反对态度,并表示政府赤字不应该存在。近年来,自由派的理念甚至在所谓的保守派人士中也占据了主导地位。有债务在身的人需要通货膨胀情况出现,这样他们便可以用膨胀的货币来支付债务。世界各地的政府和中央银行已经采纳并实施了一些经济理论,这也导致试图操纵和控制通货膨胀的做法不断出现。菲利普斯曲线、泰勒规则、费雪效应和其他经济理论对政府行为持续产生较大影响。

菲利普斯曲线

菲利普斯曲线是由威廉·菲利普斯(Alban William

Phillips)提出的一种经济理论。菲利普斯是新西兰人,曾担任伦敦经济学院的经济学教授。他于1958年提出了这样一个观点:通货膨胀率和失业率呈稳定的反比关系,即当通货膨胀率上升时,失业率就会下降,反之亦然。因此,他产生的想法是,通货膨胀是伴随经济增长出现的,它同时使得就业机会增加、失业问题减少。对许多政府来说,这个理论极富吸引力,政府纷纷在经济增长停滞和失业率高的时候实施目标通胀率。但在20世纪70年代中期,这个理论未能经受住考验,即在1973年至1975年期间,美国经济数据GDP连续六个季度下降,但与此同时,通货膨胀率却增加了两倍。这一情况被称为"滞胀",与菲利普斯曲线理论直接相悖。

泰勒规则

泰勒规则由斯坦福大学教授约翰·泰勒(John Taylor)于1993年首次提出,为中央银行通过设定名义利率来应对通胀变化提供了指导。泰勒规则中表述道,通货膨胀率每增加1%,中央银行应将名义利率提高1%以上。虽然这一规则最初仅仅是一种描述,并非针对中央银行行为而制定,但很快便成为了一个众多央行纷纷遵守的规则。在任何情况下，它都符合传统的中央银行理念，即提高名义利率会使通货膨胀率下降，而不是上升。

费雪效应

并非所有的经济学家都持以下观点：较高的利率引发较低的通货膨胀，较低的利率则带来较高的通货膨胀。根据20世纪初美国经济学家欧文·费雪的理论，一些经济学家认为，中央银行可以通过提高而非降低名义利率来增加通货膨胀。欧文·费雪在其1932年出版的《繁荣与萧条》（*Booms and Depressions*）一书中提出了一个理论，他将其称之为"大萧条的债务通缩理论"，后世称之为"费雪效应"。欧文·费雪描述了通货膨胀与实际和名义利率之间的关系。他说，实际利率等于名义利率减去预期通货膨胀率。他接着阐述道，经济衰退和萧条是由于整体债务水平的实际价值上升造成的，因为通货紧缩致使人们无法履行消费贷款和抵押贷款合约。他的这一理论是在1929年华尔街崩盘和大萧条之后建立的。

通货膨胀目标制

简单而具有政治吸引力的菲利普斯理论被世界各国欣然接纳,"通货膨胀目标制"也应运而生,成为对政府而言极具吸引力的一种制度。这一制度的假设是中央银行可以利用利率来影响通货膨胀,从而减少失业状况,因此,在政治上颇受欢迎。其理论观点是提高利率通常会使经济降温并抑制通货膨胀,而降低利率则会使经济加速发展,进而使得通货膨胀水平上升。

在第一次世界大战之前,货币政策的方向是调整汇率而不是通货膨胀率。但随着第一次世界大战后的金本位制危机,经济学家欧文·费雪提出了一个被称为"补偿美元"(Compensated Dollar)或"商品美元"(Commodity Dollar)的货币体系。在这一体系下,为了维持货币的恒定购买力,美元将以黄金为基础,但黄金的价值将由一组特定商品的价格指数决定。这是对价格水平目标制的一种尝试。

约翰·梅纳德·凯恩斯(John Maynard Keynes)在1923年的一篇论文中提出了一项通货膨胀目标计划。由于第一次世界大战后的国家经历了通货膨胀和通货紧缩,他建议采取一种可以根据通货膨胀水平调整的货币政策。

尽管德国采用通货膨胀目标制的时间较早,但在20世纪90年代初,最早实施全面通货膨胀目标制的三个国家是新西兰、加拿大和英国。新西兰在1990年开创了通货膨胀目标制,随后,加拿大在1991年、英国在1992年也相继实施了这一制度。1998年,英国货币政策委员会被授权全权负责利率的制定,以满足政府2.5%的零售价格指数(Retail Prices Index,RPI)通货膨胀目标。2003年12月,当居民消费价格指数取代零售价格指数成为英国财政部认证的通货膨胀指数时,这一目标数字被改为2%。通货膨胀目标制的做法在20世纪90年代被传播到其他发达国家,又在21世纪初被传播到了新兴经济体。

截至2010年,据英格兰银行中央银行研究中心估计,有27个国家是"完全成熟的"通货膨胀目标制国家。自那以后,研究表明,目前该数目已经上升到28个,当然,美国和日本也采用了这一做法。

神奇的2%

1998年,欧洲央行管理委员会将价格稳定的概念定义为通货膨胀率低于2%。从那以后,其他主要发达国家便以2%作为通胀目标的标准。美国和日本分别在2012年和2013年采用了这一标准。2000年,弗雷德里克·米什金(Frederic Mishkin,2006年至2008年在美国联邦储备系统理事会任职)和阿尔弗雷德·勒纳(Alfred Lerner,哥伦比亚大学商学院银行和金融机构专业教授)曾表示:"尽管通货膨胀目标制不是万能的,并且或许并不适合许多新兴市场国家,但对某些这类国家而言,它可以作为一种非常有用的货币政策战略"。捷克国家银行(Czech National Bank,CNB)便是一个采用通胀目标制的央行的例子。从2010年开始,捷克国家银行采用了2%的通胀目标。当2012年,预期通胀率远远低于目标时,捷克国家银行降低了两周回购利率,并在后期为了提高通胀水平,将这一利率不断降低。但在2012年底,其通胀率达到0.05%时,他们的"弹药"已经用完,开始盘算着使用利率这根"弦"。由于担心通货膨胀率进一步下降,甚至于担心在2013年11月会出现通货紧缩的局面,捷克国家银行表示将降低捷克克朗兑换欧元的汇率。这就是一个"将利率之弦拉满"却未达到预期效果的例子。

2012年,美国联邦储备委员会主席本·伯南克敦促美联储与其他国家保持一致,设定 2% 的目标通胀率。在此之前,联邦公开市场委员会(Federal Open Market Committee, FOMC)没有设定明确的通胀目标,但通常宣布通胀目标在 1.7% 和 2% 之间。当被问及为何设定 2% 的目标时,美联储官员表示,2% 的通胀率目标最符合他们稳定价格和满足最大就业量的使命,这两项使命是国会赋予他们的。他们还说,如果通货膨胀率高于 2%,公众准确做出长期经济和金融决策的能力将会降低,而较低的通货膨胀率则会提高通货紧缩状况发生的概率。通货紧缩意味着价格和工资的下降,经济状况陷入疲软。他们认为如果经济状况出现疲软趋势,那么即便是较低水平的通货膨胀,也能降低经济陷入通货紧缩的可能性。

许多经济学家承认,菲利普斯曲线(可展现通货膨胀率和失业率之间的关系)即使被认为是正确的,也并没有人真正很好地理解它。这其实是一个"信与否"的问题,而不是"能否证明"的问题。

经济政策研究中心的经济学家迪安·贝克(Dean Baker)说:"在行业中享有很高地位的、非常严肃的经济学家,可以直截了当地指出两个百分点的测量误差,这就表明该学科缺乏严谨性。人们应该明白其中的利害关系，里面的道理很大，但也很简单。"有人曾解释："为什么是2%呢？因为这是在35年后的今天，将当前美元购买力减半所得到的比率。为什么美联储（以及管理美联储的政府）希望这种情况发生？因为这一情况允许政府在不增加税收的情况下将债务货币化（即用'伪币'偿还债务）。通货膨胀使人们在薪资上涨时误以为自己收入有所提高，而且也让政府在不直接提高税赋的情况下，通过时间的推移'膨胀化'人民的收入，以此向他们征收更多的税。"

除了选择错误的通货膨胀措施，美联储设定的2%的通货膨胀目标——这个"方便行事"的数额，被许多经济学家（比如迪安·贝克）认为过于随意。前政府经济学家大卫·斯托克曼（David Stockman）认为，没有科学证据表明2%的通胀率比1.2%或0.02%更有利于经济增长。他说："这都是由一小撮货币政策最主要的规划者及其华尔街的追随者编造而成的，为自己的利益服务的虚构数字。他们做了一件具有破坏性的大事，为无休止地操纵和伪造资本主义世界中最重要的一系列价格（货币和金融资产的价格），提供了合理的理由。"

尽管如此，仍有人要求政府根据通货膨胀目标制理论采取行动。2017年2月，英国的通货膨胀率上升到2.3%，高于英格兰银行2%的目标。一位知名英国经济学家认为，政府应该采取行动，并提高利率水平，应该对储蓄者和养老基金等机构投资者提供支持，避免他们因为债券收益率低而将资金投入风险更大的资产。

美国联邦储备局因其巨大的黄金和证券存量，拥有在公开市场上购买或出售大量证券的能力，并可借此增减系统中的可贷资金。当他们购买证券时，会将货币投入流通市场；当他们出售证券时，又从流通市场中提取了货币。美联储还拥有提高或降低贴现率的权力，这便意味着其对系统中的货币有很大影响。2010年，本·伯南克主席认为，应对高失业率需要采取更多的量化宽松举措，"量化宽松是一种隐晦的说法，它实际指代在系统中增加现金和提高通货膨胀率的措施"。他说，通货膨胀率需要达到2%左右，"以保持经济增长"。

美联储官员约翰·威廉姆斯（John Williams）甚至建议将通胀目标提高到4%，使中央银行在经济下滑时可以有更大的回旋余地。

在2018年纽约预测者俱乐部（Forecasters Club）

的一次演讲中，美国联邦储备委员会成员莱尔·布雷纳德（Lael Brainard）谈到了如何调整联邦基金利率，以确保通胀率达到目标。她说："随着政治不确定性的上升，以及欧元区和日本的通货膨胀仍然低于目标……在最近的数据中，核心 PCE 价格过去 12 个月的变化为 1.8%，高于去年同期水平（去年核心 PCE 价格增长 1.6%）。总体 PCE 价格（包括不稳定的食品和能源部门在内）则增加了 2.0%，但这主要反映了最近原油价格的上涨。虽然最近的核心 PCE 数据令人欣慰，但我们希望看到通胀率在持续 7 年低于目标值后，能够达到靠近目标值的水平。将基本通胀率重新固定在联邦公开市场委员会所设 2% 的目标值是一个重要努力方向。最近的研究强调了名义利率的有效下限给通胀和通胀预期带来的下行风险，它也强调了在今天的新常态下，确保基本通胀率不滑落到目标值以下的重要性。"

2018 年，美联储主席杰罗姆·鲍威尔首次作为世界上最有影响力的央行主席露面，出席众议院金融服务委员会议。评论家们说，美联储的目标是将通胀率提高到 2%，但最近月度数据的回升让一些投资者感到恐慌，他们担心央行似乎"超额完成"了这一目标。

鲍威尔对此表示："尽管最近出现了波动，但金融条件仍然很宽松。同时，通胀率仍然低于我们2%的长期目标。FOMC认为，进一步逐步提高联邦基金利率将有利于我们这两个目标的实现。"鲍威尔在声明中将经济前景的风险描述为"大致平衡"，但指出官员们将密切监测通货膨胀局势。

低通胀陷阱

根据一些经济学家的说法，当通货膨胀率达到零时，会出现一个严重的问题，即所谓的"低通胀陷阱"。许多宏观经济学家认为，短期利率不可能低于零，因为如果利率为负数，人们会更愿意持有现金。为应对这种情况，央行官员会采取降低名义利率的措施。但所谓的费雪效应会导致通货膨胀率降低，致使中央银行进一步降低名义利率。最后，根据该理论，当中央银行将名义利率降至零时便束手无策了，只能陷入低通胀陷阱而无法自拔。不幸的是，这不仅仅是一个理论，我们在现实生活中已经看到，日本发生过这种情况。从1995年开始，尽管日本的通胀目标为2%，但日本银行的平均通胀率约为零。尽管采取了非同寻常、前所未有的增加货币供应量的措施，他们还是无法从这个陷阱中脱身，这些货币措施甚至可能带来了弊大于利的效果。

就连欧洲国家也在2018年遭遇了低通胀政策陷阱。在这一年中，欧洲中央银行的名义利率为0.34%，通胀率为负值，即-0.23%；瑞典央行的关键名义利率低于零，为-0.50%，通胀率为0.79%；丹麦央行出现负利率，即-0.23%，通胀率为0%；瑞士国家银行的名义利率也为负值，为-0.73%，通胀率为-0.35%；英格兰银行的名义利率为0.47%，通胀率为0.30%。上述中央银行都在较长的时间内未能达到其通胀目标。甚至也可以将美联储包括在这个名单之内，因为在长达约7年的时间里，美联储基金的目标利率接近于零，但从2015年12月起，它将目标利率提高到了0.25%至0.50%之间。

你可能会说，这些银行家被束缚住了，只能被迫放弃泰勒规则，转而采用新费雪派的思想。但他们却开展了多种行动，包括将市场名义利率拉至零以下，并对存放在中央银行的储备金收取费用（实质上是负利率）等。日本银行、瑞士国家银行、丹麦中央银行和瑞典央行都采取了这种做法。另一个做法是"量化宽松"，即中央银行购买长期资产，如政府债券和私人资产，又或者抵押贷款支持证券，甚至股票（例如日本银行便购买了与日本股票相关的交易所交易基金 ETF）。中央银行可以采取的另一个行动是进行一种心理战，即他们提供"前瞻性指导"，希望确保利率在未来保持较低水平。他们这样做是希望此举能提高通货膨胀水平。在瑞士，负利率导致了通货膨胀走低，并最终造成通货紧缩的局面。量化宽松的政策也没有发挥作用。从日本的例子可以看出，购买资产的激进做法并没有拉高通货膨胀水平。

阿根廷：谎言，该死的谎言

2006 年，阿根廷总统内斯托尔·基什内尔（Nestor Kirchner）召见了宝洁公司、联合利华公司和金佰利公司等大公司的高管，命令他们停止涨价。他通过谈判与各公司达成协议，要求他们在长达一年的时间内保持价格不变，以帮助政府对抗通货膨胀。2005 年，基什内尔呼吁全国抵制荷兰皇家壳牌（Royal Dutch Shell）石油公司，因为该公司为抵消国际石油成本的激增而提高了油价。当然，在这种情况下，各个公司也在努力通过推出新产品，或以新的形式推出价格更高的旧产品来维持生存。

如前所述，2006 年，基什内尔控制通货膨胀的努力对阿根廷国家统计局（Instituto Nacional de Estadística y Censos, INEC）主任格拉谢拉·贝瓦奎（Graciela Bevacqua）也造成了翻天覆地的影响。她回忆说："吉列莫尔·莫雷诺（Guillermo Moreno）刚一上任就把我和我的直属上司叫到他的办公室。在我们进入房间后我变得很害怕。他放起了古典音乐，我想这是因为他不想让外面的人听到他说的话。"

贝瓦奎自 1984 年以来便一直在阿根廷国家统计局工作，一开始以独立编外员工的身份工作，但在 2002 年升职为主任。她在工作期间，一直是负责编制该国居民消费价格指数团队的一员，该指数是衡量阿根廷通货膨胀率的指标。

在这 20 年里，阿根廷的经济，如果可以这样说——历经了过山车式的发展。在 20 世纪 70 年代末和 20 世纪 80 年代初军事独裁统治下，经济状况受到很大影响，有超过 40 万家公司遭遇破产，而金融自由化又使得债务负担大幅增加。随后到 20 世纪 90 年代末，阿根廷的经济政策一直由新自由主义主导，但经济状况几乎没有任何改变。

阿根廷陷入了为期15年的"滞胀",即将经济增长停滞和通货膨胀所带来的痛苦相结合。滞胀又在20世纪80年代末引发了恶性通货膨胀。1989年5月,通货膨胀率达到96%,随着基本食品价格的飙升,社会出现了暴乱。在20世纪90年代,政府通过放松管制、私有化和限制货币供应量增长的混合手段,设法控制了通货膨胀(使通货膨胀率恢复到一位数)。但随后经济危机再次袭来。1998年至2002年期间,阿根廷的国内生产总值下降了20%,货币贬值了70%,并拖欠了国家债务。但在20世纪90年代初,阿根廷利用扩张性政策为国家注入了新的活力,一举创造了500万个就业机会,并促进了投资增长。在经济危机后的10年里,阿根廷经济几乎翻了一番,并在2003年至2007年期间,实现了9%的增长速度。在经过多年的经济动荡后,阿根廷似乎终于转危为安,成为一个吸引着全世界投资者目光的地方。

但是,这个经济状况成功转变的故事完全符合实际吗?阿根廷经济所追求的扩张性政策的背面,是通货膨胀卷土重来的风险。格拉谢拉·贝瓦奎在尽职尽责地计算消费者价格指数时,开始发现自己的工作受到了政府的质疑。"事后看来，"她在2012年对皇家统计学会（Royal Statistical Society）表示，"很明显，问题早在2005年就开始了，当时一位新上任的经济部长开始质疑我们提供的CPI数字。当时是2005年，我们预计居民消费价格指数为12.3%，并且有上升的趋势。"

这不是政府想听到的消息，或者更准确地说，是不想让外国投资者听到的消息。第二年，随着吉列尔莫·莫雷诺被任命为国内贸易部部长，情况变得更糟："他开始大发雷霆，"贝瓦奎回忆起他们的第一次会面，"关于消费价格指数如何影响国民的士气，以及能否成功实施能够提高经济前景信心的政策……他说，如果我们不致力于实现零通胀，我们就是不爱国。他告诉我们，爱国的做法是报告一个很低的居民消费物价指数（或至少是一个处于下降趋势的居民消费物价指数）。国家统计局有责任与政府合作，确保计算出的CPI是对国家有利的。"

这是一个非同一般的要求，并且与贝瓦奎的操守和CPI统计数据的意义相悖。这些数据是为了准确反映经济状况，不是为政治目的所操纵的。在接下来的几年里，贝瓦奎持续收到指令。政府希望得到阿根廷国家统计局编制通货膨胀数据所用到的公司名单，这样他们也可以对这些公司施加影响。他们要求改变 CPI 的计算方式：在面包价格方面，他们希望将超市面包消费的权重加大，尽管绝大多数人是从本地面包师那里购买面包的；在与度假相关的价格方面，他们希望从名单上剔除一些度假目的地。吉列莫尔·莫雷诺甚至要求对数字进行"向下取整"处理，即将 2.599 和 2.501 都向下调整为 2.5。这虽然只是一个很小的变化，但在经过"叠加"后却会产生很大影响。

贝瓦奎坚持了自己的操守，因此，在 2007 年 1 月被吉列莫尔·莫雷诺解雇。当次月通胀率发布时，当局宣称的数字出现了大幅下降。在接下来的几年里，新编制的政府公布数据显示，物价上涨速度明显放缓：2007 年，通货膨胀率为 8.5%，比较容易控制。与 20 世纪 80 年代发生的滞胀情况相反，政府讲述了一个关于实现经济增长和通货膨胀可控的成功故事。

但贝瓦奎还远没有收手，她召集了一批布宜诺斯艾利斯经济学的学生，开始编制自己的通货膨胀数据。她的数据与官方数据明显不同：2007 年的通货膨胀率为 8.5%，而贝瓦奎估计实际通货膨胀率是这个数字的三倍,为25%。至少可以说,这件事的影响是巨大的。2009年《华盛顿邮报》的一篇报道指出,这些低报的数字是:"……欺骗了投资者,对以通货膨胀为基准的近500亿美元的债务,也不给予适当补偿。"这篇文章引用了"美国阿根廷专职小组"(American Task Force Argentina)联合主席罗伯特·夏皮罗(Robert Shapiro)的话,他解释说:"这些债券的运作方式是,每个月,或每六个月,本金都会根据通货膨胀进行调整。因此,如果通货膨胀率实际上是30%,而他们只调整了10%,就会产生巨大的损失。"

政府试图叫停贝瓦奎和其他自行编制通货膨胀数字的各种咨询公司。2011年3月,这些公司因编制的统计数据不符合"恰当的方法要求"而被分别罚款12.5万美元。《经济学人》(*The Economist*)在2011年的一篇文章中提到阿根廷政府"做假账",对于政府来说,这个指控有点讽刺。但吉列莫尔·莫雷诺的指控更进一步。贝瓦奎被指控发布基于虚假信息的数字,目的是扭曲市场。如果罪名成立,她将面临2到6年的牢狱之灾。但令政府失望的是,法官驳回了该案件的起诉。

尽管阿根廷政府做出了努力,但政府出具的数据的可信度却越来越低。

《经济学人》不再将阿根廷的数据纳入他们的月度总结中，并解释道："自 2007 年以来，阿根廷公布的通货膨胀数据几乎无人相信……我们决定完全放弃国家统计局的数据。我们已经厌倦了参与疑似蓄意欺骗选民和诈骗投资者的行为，这种行为并非我们所愿。"

此前，阿根廷政府为控制通货膨胀做出了巨大的努力。1985 年，在通货膨胀失控的情况下，它改变了货币，用澳元取代了比索。起初，澳元的价值高于美元，但到 1989 年初，澳元兑换美元的汇率为 11 或 12。到 1989 年，阿根廷经历了 5000% 的大规模通货膨胀，发布了一项紧缩计划（内容包括澳元对美元贬值 11%），并与企业达成协议将价格冻结两周，此后再有限度地提高。为了应对每月 25% 的通货膨胀率，政府雇员将获得大约同等的工资增长。此外，公共事业费和交通费也将增加 30%，政府开支亦有所削减。但是，这个计划显然不是很可信，因为几乎在一开始，商家就纷纷开始提价。在 1989 年 5 月，政府实施了价格冻结，以纠正通货膨胀，但这些措施几乎没有可信度，黑市上的价格继续上涨。尽管当局将出口的特别汇率固定在 1 美元兑换 36 澳元，但在两个月内，汇率便上升到1美元兑换105澳元。汽车价格在一个月内翻了一番，一次性纸尿布的价格在三周内，从250澳元一包上涨到了1200澳元一包。与此同时，阿根廷铸币厂的印刷机在加班加点地印刷900万张1000面额的澳元钞票，这是最大面额的纸币。银行取款也有所限制。1990年4月，8万名公务员被迫退休。那时，年通货膨胀率已经上升到了20,000%。

企业在与政府官员的其他会议上，就在一年内冻结价格的事项上达成了协议，以帮助政府对抗通货膨胀。但即使如此，经济学家仍然预测，这一努力将浪费更多的政府开支，中央银行也必须购买美元，以期待能够削弱本地货币。

巴西的反通胀努力

1986年2月，巴西总统若泽·萨尔内（José Sarney）为阻止通货膨胀，推出了一种新的货币——克鲁萨多，取代了过去的货币克鲁赛罗。当时，克鲁赛罗已经流通了近20年，但其兑换美元的汇率却出现了大幅下跌。1单位的新货币克鲁萨多可以兑换1000单位的克鲁赛罗。这个计划起初似乎卓有成效，但当政府未能控制自己的支出时，通货膨胀最终急剧上升。卖家开始在黑市上出售他们的商品，但不按官方价格出售，因为官方价格没有将他们的成本考虑在内。1989年1月，随着通货膨胀率达到1000%，萨尔内推出了另一个反通货膨胀方案，因其出台在夏季而被称为"夏季计划"。该计划的内容包括推出另一种巴西货币——新克鲁萨多，以取代以前的克鲁萨多，该计划规定旧货币的价值是新货币面值的千分之一。萨尔内还实行了工资和价格冻结措施，并裁掉了6万名政府雇员。几乎从新货币刚一面世起，其兑换美元的汇率便开始下跌。巴西各地的商人纷纷开始提高价格，枉顾夏季计划中的价格冻结协议。同时，政府宣布提高当时由国企控制的电力、邮资和通信服务的价格。面包、牛奶、汽油等其他基本物品的价格也相应提高。薪资水平则按照公式进行调整，将过去12个月的平均通货膨胀率纳入考虑，但随后薪资水平也被固定了。据说有80万名联邦工人在新措施出台后开始罢工，对低工资表示抗议。

1990年4月，巴西总统费尔南多·科洛尔·德梅洛（Fernando Collor de Mello）得到巴西国会的批准，着手实施一项有争议的反通货膨胀计划。这一计划是为了应对巴西当时正在经历的通胀率为4800%的通货膨胀，被认为是历史上最严厉的货币改革之一。在接下来的18个月里，巴西严格限制了民众从银行和储蓄账户提现的金额，从而大幅减少货币供应。据估计，这项措施导致了大约包含1500亿美元的巴西个人和公司账户中约1150亿美元被冻结。当然，银行账户的冻结也造成了各种问题，例如使公司难以支付工资等。

1991年2月，巴西政府在五年内第五次无限期冻结工资和物价，试图一举扼杀通货膨胀。与此同时，民众的绝望感也在增加。经济部长泽利亚·卡多佐·德梅洛（Zélia Cardoso de Mello）还宣布燃料、电力、电话和邮政费用的涨幅将高达71%。当时，月通货膨胀率已高达20%，这是阻止通货膨胀的最后尝试。但政府面临着缺乏可信度的问题。在1986年的克鲁萨多计划发布之初，民众尚有信心，认为这一计划可能会奏效。民众会到商店检查价格，以防出现任何涨价情况。但到了第4次价格冻结时，就很少有人相信政府的计划会有效果了。更加令人难以置信的是，为了完成削减联邦工资方案，科洛尔政府解散了过去负责监测和检查价格的部门！在这种情况下，人们愈加怀疑这个计划的可行性。批评者还指出，科洛尔声称他的目标是令巴西拥有完全自由的市场经济，但这与其领导的政府不断施加干预之间矛盾重重。

菲律宾的数据控制

以个人为来源收集数据，可能因受访者提供了错误的信息，或羞于透露自己消费的项目而产生问题，但除此之外，从收集数据的政府部门处提取数据也存在一定问题。我在菲律宾有过一次相关经历。菲律宾政府贸易和工业部在他们的网站上，拒绝了我获取对2004年和2014年与除食品外的一些项目相关的数据的请求。菲律宾统计局也表现出了抗拒，并未提供我所要求的信息。甚至菲律宾信息自由网也表示，除了他们公开提供的农业食品信息外，其他信息仅限其内部使用。当我要求披露有关自行车、汽车、电视等的价格信息时，均遭到了贸易和工业部的拒绝。

委内瑞拉——淘汰一种面额的钞票

2016年12月，据报道，由于大量印制玻利瓦尔，总统尼古拉斯·马杜罗似乎在委内瑞拉——这个世界上通货膨胀率最高的国家——创造了对法币玻利瓦尔的巨大需求。但随后总统在电视上宣布，最大面额的100玻利瓦尔纸币将在72小时后不再作为法定货币流通，而这一面额的纸币估计占到了该国现金的80%。此决定引发了民众对小额钞票的疯狂争夺，以及玻利瓦尔兑美元汇率的走高。但是人们并不开心，由于没有商店再接受100玻利瓦尔的钞票，人们缺乏现金，无法为即将到来的假期添置任何用品。委内瑞拉的一些城市还爆发了骚乱，商店被洗劫一空。马杜罗却指责"国际黑手党"囤积了100玻利瓦尔纸币并越过边境进入哥伦比亚，在美国的指使下对委内瑞拉发动了一场"经济战争"。但是，马杜罗的举动并没有改变推动通货膨胀增长的一些根本问题，包括生产力下降、石油收入减少和债务飙升。

2017年3月，委内瑞拉不再公布货币供应量数据，货币供应量数据是一种用来确定通胀飙升水平的工具。一年前，该国曾停止发布通货膨胀数据，以掩盖三位数的通货膨胀率。在停止发布数据之前，2月份的M2货币供应量指标比一年前增长了近180%。M2是现金与支票、储蓄和其他存款的总和。M2的暴涨，加上商品和服务产出的下降，都不断助长了恶性通货膨胀的滋生。

印度对控制通胀的努力

2008年，印度的通货膨胀率不断上升，政府面临着不断恶化的财政状况。印度储备银行（Reserve Bank of India, RBI, 中央银行）将基准贷款利率提高到5年多以来的最高水平，并认为此举将阻止通货膨胀的上升。该银行的官员说，他们将"果断、有效和迅速地"采取行动，以遏制通货膨胀。

2008年5月，印度政府面临着更高的通货膨胀数字的挑战。通货膨胀率一直徘徊在7%以上，远远高于政府的舒适区。应对措施之一是对燃料价格进行补贴。政策的另一部分是通过使用3000亿美元的外汇储备购买卢比来增强卢比的强势地位（据估计，卢比价值每上升1%，批发价格指数将相应下降0.2%）。此外，他们认为期货市场助长了食品价格的上涨，因此，禁止了大米、小麦、豆油、鹰嘴豆、土豆和橡胶的期货交易。批评此举的人说，这样会使情况变得更糟，因为有价值的市场定价机制将消失，交易商会被迫转入无税、无监管的黑市。他们说，因为全国大选即将到来，此时暂停交易是一种有政治动机的行为，执政联盟是在回应左翼伙伴的要求，左翼人士总是力图降低基本商品的价格。他们补充说，政府任命的委员会惊讶地发现，没有确凿的证据表明期货交易推动了价格上涨。当时，作为农产品期货交易主要市场的国家商品和衍生品交易所（National Commodities and Derivatives Exchange），日均交易量约为6亿美元，而2006年印度的农业总产值约为1290亿美元。他们表示，鉴于期货市场的规模较小，这一市场的作用其实不大，也很容易被相对较少的资金所操纵。尽管印度国内禁止期货交易，但有传言说，政府已经秘密地在芝加哥期货交易所（Chicago Board of Trade）下了小麦期货订单，以作为国内出现小麦短缺时的预备方案。

韩国：来自消费者方面的压力

2012年，韩国消费者对麦当劳和其他外国跨国公司的涨价行为发起了抗议，这些公司没有服从韩国政府限制消费价格上涨的相关规定。虽然价格只调整了几个百分点，但消费者还是注意到了这些变化并做出了反应。特别是学生，他们因为是常客，所以对快餐价格很敏感。2011年，糖果制造业巨头好丽友（Orion）

和乐天（Lotte Confectionery）等企业在涨价时亦遭受了严厉的批评。政治家们也积极参与其中：2008年，韩国总统李明博下令密切关注52种日常必需品，包括一般商品和消费品。但观察家们注意到，即使在涨价之后，民众对这类商品的需求也没有减少。

写在最后

对于到底是什么推动了通货膨胀，存在着很多经济理论，这些理论有时甚至是相互对立的。这也表明，即使在今天，我们仍然对通货膨胀现象缺乏完整的了解。然而，显而易见的是，通货膨胀对政治家来说是非常重要的。高通胀率会结束他们的政治生涯，因为选民们会因为自己所持有货币的购买力不断下降而感到不快。出于这个原因，"好的"政府会尝试控制通货膨胀（"坏的"政府会操纵通胀数据）以使他们的选民感到满意，但由于他们的决定是基于不完整的信息，因此有时会造成灾难性的后果。同时，政治家们坚持认为2%的通胀目标对经济有利，而其他任何数字都会带来危险。然而，没有证据表明实际情况如他们所想。一方面，政治家们担心通货膨胀率过高；另一方面，一些人对通货紧缩持警惕态度,他们认为通货紧缩是经济活动收紧的标志。假如谈到通货紧缩的威胁,正如你将在下一章看到的,我并不完全同意相关说法。

8 通货紧缩的奇妙世界

通货紧缩是指价格下降而非上升的情况,与通货膨胀恰恰相反。这是许多经济学家非常担心的现象,他们认为价格下降会破坏经济增长,使偿还债务的困难加剧,并导致消费者因预期未来价格将继续下降而推迟消费。正如我所提到的,为了避免通货紧缩,中央银行官员试图通过从市场上购买债券和其他资产,使得流通中的现金增加,即货币供应量增加,以此向市场注入流动性。同时,他们还调低了利率,甚至允许相关利率降至负值,鼓励民众和企业借贷和消费,进而推动价格上涨,来避免通货紧缩的发生。

与通货紧缩相关的专家言论

与通货膨胀的话题一样,许多著名作家和经济学家对通货紧缩也持有一些观点。这些观点大致分为以下几类。

★ 货币政策无法控制通货膨胀

▶ 翩

前任日本银行行长

"然而,尽管人们普遍认为执行货币政策是为了避免通货紧缩,但中央银行不能将利率降低到零以下。"

★ 应该尽量避免通货紧缩

▶ 本·伯南克
前美联储主席

"防止通货紧缩的基本办法很简单,至少在原则上是这样的。根据需要,利用货币和财政政策来对总支出提供支持,具体的支持方式应尽可能地与经济资源的充分利用、保持较低且稳定的通货膨胀率的目标相一致。换句话说,摆脱困境的最好方法是从一开始就不要陷入困境。"

★ 通货紧缩对债权人和房产所有者的好处

▶ 迈克尔·赫德森 / Michael Hudson
华尔街金融分析师

"通货紧缩出现时,意味着尽管大多数市场在萎缩,可供人们消费的东西减少了,但持有99%债务的那1%的人却获得了财富和收入的全部增长。通货紧缩意味着收入被转移到1%的人身上,也就是转移到了债权人和房产所有者身上。"

★ 技术进步引发了通货紧缩

▶ 肯·莫里斯 / Ken Moelis

莫里斯资产管理公司创始人

"目前正在长期发展的两件大事是技术进步和通货紧缩。我认为这就是千禧一代的受益之处——他们的生活得到了改善,自己也从中获得了好处。"

▶ 吉姆·格兰特 / Jim Grant

《格兰特利率观察家》(*Grant's Interest Rate Observer*)创办人

"由于19世纪最后25年中电力和其他神奇发明的普及,物价以每年1.5%至2%的速度逐年下降。人们不把这种情况叫做通货紧缩,而叫做进步。"[65]

★ 通货紧缩对借贷人不利

▶ 迈克尔·

华尔街金融分析师

"通货紧缩有两个定义。大多数人认为通缩只表现为价格下降,但还有债务通缩的情况,即人们不得不花费越来越多的收入来支付自己积累的债务,包括支付抵押贷款、信用卡债务、学生贷款。"

▶ **本·伯**

前美联储主席

"当金融系统不稳定时,通货紧缩可能会特别危险,会造成家庭和公司的资产负债状况不佳、银行资本不足,以及不良贷款负担沉重的局面。"

★ 通货紧缩是货币供应和信贷的减少

▶ **米什·谢德洛克** / Mish Shedlock

锡特卡太平洋资本管理公司投资顾问

"对通货紧缩的恰当定义是货币供应量和信贷额的净减少,信贷额由市场决定。通货紧缩的这种衡量方式在很早以前就已经走向全球了。"

▶ **穆瑞·罗斯巴德** / Murray N. Rothbard

经济学家、历史学家兼政治理论家

"通货紧缩通常被定义为价格普遍下降的状况,但它也可以被定义为货币供应量的减少。当然,货币供应量减少也会使价格降低。但特别重要的一点是,应该要区分开价格或货币供应量的变化,这些变化是人们的价值观或在自由市场上行动的自愿变化,还是由政府对货币供应量的强制控制造成的蓄意改变。"

8 通货紧缩的奇妙世界

★ 中央银行造成了通货紧缩

▶ 彼得·克雷斯韦尔 / Peter Cresswell

"通货紧缩有两种,即渐进式和破坏式。中央银行及其'稳定化'属性使第一种情况不可能发生,而第二种情况更有可能发生。"

★ 通货紧缩是由商品和服务的生产力增加引起的

▶ 乔治·赖斯曼 / George Reisman

佩珀代因大学荣誉退休教授

"通货紧缩通常被认为是价格下跌的同义词。在所有的经济学领域中,没有比这更严重的错误了。把价格下跌称为'通货紧缩',会严重混淆繁荣和萧条之间的界限。这是因为价格下跌的主要原因是经济进步,其基本特征是商品和服务的生产力和供应量不断增加,这当然会使价格下跌。"

★ 人们应该接受通货紧缩

▶ 卡洛斯·戈恩 / Carlos Ghosn

雷诺公司主席兼 CEO

"要面对通货紧缩,必须让人们接受它,而不是对它做出反应。"

★ 通货紧缩是有害的

▶ 罗伯特·清

富爸爸公司创始人

"通货紧缩不是好事,而且通胀比通缩更好解决。"

▶ 劳伦斯·萨默斯 / Lawrence Summers

美国前国家经济委员会主任

"通缩和长期经济发展停滞是我们这个时代所面临的宏观经济威胁。"

▶ 杰克·坎普 / Jack Kemp

美国前住房和城市发展部部长

"真正的问题是通货紧缩,它与通货膨胀恰好相反,但对于借贷人来说同样严重。"

▶ 加文·戴维斯 / Gavyn Davies

Fulcrum 资产管理公司主席

"当今主要或唯一的问题是通货膨胀问题。有时候,尽管很少见,通货紧缩会成为一种更严重的威胁,我们需要暂时放下许多我们视作至宝的正统观念。"

▶ **本·伯**

前美联储主席

"通货紧缩的成因并不神秘。几乎在所有情况下，通货紧缩都是总需求崩溃的副产品（消费支出下降十分严重，以至于生产者必须通过持续降价才能找到买家）。同样，在大多数情况下，通货紧缩对于经济的影响与总支出急剧下降所造成的影响相似，即经济衰退、失业率上升和对财政方面造成的压力。"

★ 通货紧缩是有益的

▶ **米什·继**

锡特卡太平洋资本管理公司投资顾问

"你不应该惧怕通货紧缩，你应该惧怕的是试图对抗通缩所采取的政治手段。"

价格下降和收入上升的趋势

近年来，尽管各国央行均实施了通货膨胀政策，但受大型零售企业（如美国的沃尔玛、塔吉特，欧洲的阿尔迪等，以及亚马逊和阿里巴巴等在线平台）影响，各种商品的价格普遍降低，或至少处在一个稳定水平。定价权已经从制造商处,转移到线下线上的分销零售商手上了。商品改进方面也发生了一场革命,此前,被视为奢侈品的汽车、手机、电脑和互联网等产品,现在已成为被数百万人所用的普通商品和服务。

联合国粮食及农业办公室(The UN Food and Agriculture Office)会追踪世界各地的食品价格,将当地价格转换为美元,并计算出一个指数,在2002年至2004年期间,这一指数的平均值为100。该指数的组成部分包括了肉类、谷物、油/脂肪、乳制品和糖的价格,且每月更新。当然,通常来讲,这些价格使用的计价货币正处于被本国政府贬值的状态,包括美国在内,随着更多的信贷和货币被释放,美元货币的供应量正在增加。随着货币贬值的加速,食品的成本也明显上升。但由于科技和资本发挥了作用,世界各地的粮食种植和运输的成本逐渐降低。随着化肥和害虫控制剂的改进,以及机械应用使农业效率得到提高,加上冷链运输和快速运输强化、改进了供应过程,粮食供应更加稳定,质量也更好。正是这些变化使粮食价格降低,或者在货币贬值的情况下保证粮食的价格至少处于稳定水平。

食品价格并没有跟上收入提高的速度,土耳其食品分配的转变过程就是其中一个很好的例子。多年来，土耳其都长期存在食品高通胀问题。政府采取措施全面改革了食品批发贸易和零售系统，力求增加竞争程度并减少中间成本。这些措施的一个影响是使"食品和饮料"在CPI中的权重从1994年的31%下降到2018年的23%。人们发现，因冷库不足、包装不良导致大量食物被浪费后，食品成本就会上升。但随着有组织的现代零售业的发展，人们正逐步解决这一问题。然而要做的工作还有许多。尽管有组织的现代零售系统已占到40%的食品零售份额，但其余60%的食品仍然是在没有冷库的露天集市上出售的。此外，还需要减少农民和消费者之间的中间商数量。转变历程依然在继续，例如，网络购物的兴起使得许多分销环节被淘汰，也令商品的价格降低、质量提高。

食物和黄金

查尔斯·沃勒姆（Charles Vollum）在研究了许多国家的货币体系后，开始意识到订立一个不与任何国家的货币和货币政策挂钩的价值标准是万分重要的。他总结出的理论是：以性质相对稳定的黄金作为衡量基准,则"黄金价格"的上升和下降,实际上可以更准确地描述"货币价格"的下降和上升。这一见解也催生了 Gold Monocle 集团有限公司的建立,以及 2007 年 Priced in Gold 网站的创建。他研究了以黄金计算的食品价格,以此来掌控不同且多变的货币变动情况。随着货币的不断贬值,他得出结论,即黄金是一种常用的长期价值衡量工具。他发现,如果用黄金盎司来衡量食品,那么就存在大规模通货紧缩的证据。2002 年,联合国粮食及农业组织(Food and Agriculture Organization, FAO)的食品价格指数以黄金计算[1]为 120,但到 2017 年,这一指数仅为约 50(见图 8.1,以黄金价格计算得出的指数,泛指数在 2002 年至 2004 年的平均值为 100)。在此期间,黄金价格从 2002 年的每盎司约 280 美元上升到 2017 年的每盎司 1290 美元。

---

[1] 联合国粮食及农业组织会追踪世界范围内的篮子食品价格,将其全部转换为美元,再通过加权计算获得一个指数。查尔斯·沃勒姆的方法则是向其中增加一步计算,即将美元价格换算为当年的黄金克数,以便剔除货币贬值对购买力的影响。

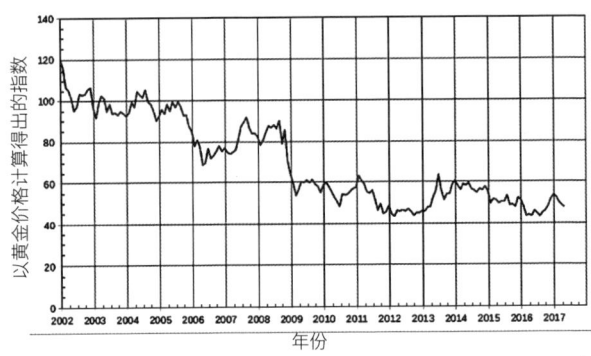

图8.1 联合国粮食及农业组织月度食品价格指数（2002.1—2017.6）

生产力和通货紧缩

担心通货紧缩的人们往往没有认识到生产力造成的影响。美国曾因工资上涨和失业率下降推断出通货膨胀率有所升高。对此，美联储采用了提高利率的方式予以应对。美国民众对其举动感到担忧，但在这中间，生产力提高这一因素被忽略了。即使在充分就业的条件下，公司依然可以从每个工人身上获得更多的产出。近年来，这种每个工人产出的增长或生产力的提高并不是特别明显，至少从数字上看似乎是这样。但只要仔细观察便会发现，不仅制造业的生产力有所提升，服务行业也是如此。一般来讲，对机器人和节约劳动力的机器的投资势必引发生产力的提升。在服务行业，我们只需看看那些使用语音和面部识别、数字无线支付等技术的零售业，就不难明白这些技术是如何提高生产力和服务质量的了。

生产力是收入增加和经济普遍增长的一个关键特征。近年来，最令人惊讶的一项发展成就是，随着通信技术的进步，知识在世界各地的传播大大加速了。这一点可以从互联网的普及，以及智能手机成本降低与大范围的销售得到印证。更重要的是，虽然过去推动生产力的重要知识主要来自美国、欧洲和日本等所谓的发达国家，但现在越来越多的创新来自中国、印度、巴西、俄罗斯等新兴国家。

2015年底，通过观察各国的研发支出，我们可以看到，中国的研发支出已经接近美国每年5000亿美元的规模。预计在不远的将来，中国的支出将超过这一数额。此外，新兴市场国家注册的专利数量正在以飞快的速度增长。当然，随着知识扩散到世界上人口最多的地区（如印度和中国这两个人口超过10亿的国家），出现这种现象是十分正常的。我们可以预计，这些国家将在知识和创新的领域上更上一层楼。

技术和通货紧缩

技术的进步使一些领域的价格急剧下降。当DVD播放器在1997年投入商用时，它的价格是1000美元，2000年时降至100美元，而在3年后，50美元就可以买到一台机器，再到2018年，购买一台全新DVD播放器可能只需花费20美元。这并不是一个新的现象。19世纪70年代和19世纪80年代期间，大规模的通货紧缩也是由技术进步带来的价格下降所推动的。技术进步使得美国等国家的经济出现增长，而英国等更成熟的工业国家则面临着美国生产力增长所带来的竞争。

计算力成本也大幅下降：1900年，价值1000美元的计算机设备的每秒计算量，只是现在类似设备计算量的很小一部分。20世纪50年代末，以每千兆字节成本计算的存储价格约为100万美元，而这一成本到了2017年则降至不到0.1美元。同时，硬盘存储容量从约0.01GB，扩大到了远远超过1000GB。

技术进步对产品成本的影响很容易通过多种方式来确定。例如，如果我们比较线上和线下消费品的销售情况，可以看到较为显著的差异（见图8.2）。Kleiner

Perkins公司曾做过一项研究，比较了从2016年第一季度到2018年第一季度之间，线上和线下同一款消费品的价格。研究发现，线下的价格下降了约1%，而线上价格则下降了约3%。

图8.2 线上与线下相同商品的消费价格对比
数据来源：Kleiner Perkins公司网站，https://www.kleinerperkins.com/

在酒店行业，我们可以看到，对共享空间的使用有了很大的增长。在2009年至2018年间，爱彼迎（Airbnb）公寓的客人入住量和房东发布的活跃房源数量大幅增长。客人入住量从2009年的几乎为零，增加到了后来的80,000,000。而在同一时期，活跃房源数量也从几乎没有，增加到约5,000,000间（见图8.3）。

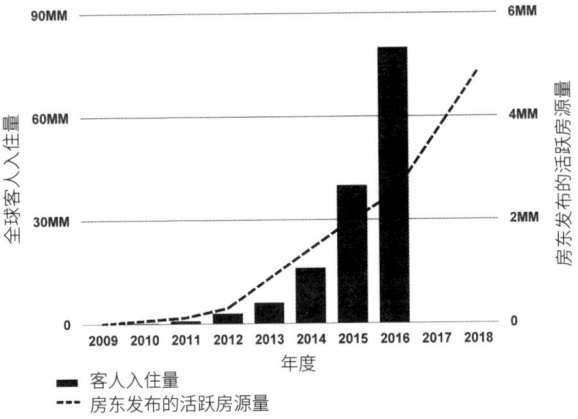

图8.3 Airbnb的全球客人入住量与房东发布的活跃房源量对比
数据来源：Airbnb公寓网站，https://www.airbnb.com/

夜间住宿方面的变化十分突出，Airbnb提供的夜间住宿价格非常低。例如，纽约2018年1月的酒店平均房价约为306美元，而Airbnb的平均房价为187美元。在悉尼，酒店的平均房价为240美元，而Airbnb的房价为191美元。东京的差异尤为显著，酒店房价平均为220美元，而Airbnb的房价仅为93美元。在伦敦、多伦多、巴黎、莫斯科和柏林等其他城市，也可以看到这种差异（见图8.4）。

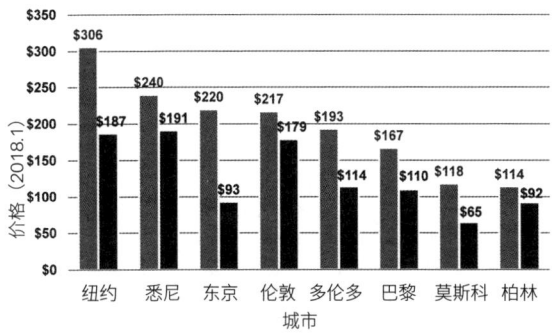

图8.4 Airbnb与当地酒店每晚平均房价对比

数据来源：Airbnb公寓网站，https://www.airbnb.com/

谈到交通问题时，Uber和其他在线交通服务的出现正在逐步推动交通成本的下降。2017年，纽约居民的每周平均通勤费用为218美元，而使用UberX和Uber Pool出行的费用为142美元。在芝加哥，上述两种出行方式的价格分别为116美元与77美元。在华盛顿特区则分别为130美元和96美元。洛杉矶私人驾车出行的平均费用为89美元，而使用UberX和Uber Pool的平均费用为62美元。只有在得克萨斯州的达拉斯，两种价格情况正好相反。该城市内私人驾车出行的平均每周通勤费用为65美元，而使用UberX和Uber Pool的费用为181美元。但达拉斯似乎是一个很特别的例外情况，并不是典型情况（见图 8.5）。

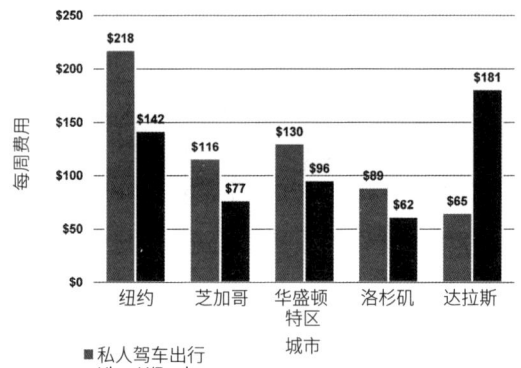

图8.5　美国五大城市每周UberX/Pool通勤费用与私人驾车出行费用对比（2007）

数据来源：Uber网站，https://www.uber.com/

邻国的通货紧缩——新加坡和马来西亚物价

2018 年，生活在新加坡的人仅用一小时便可以快速地穿越边境，去到马来西亚的柔佛州旅行，而那里相同物品的价格是新加坡的一半或更低，价格差异是相当显著的。因此，有车或有公交车票的人仅需花一两个小时从新加坡前往柔佛州，就可以立刻将他们的通货膨胀率减少一半甚至更多。

马来西亚与新加坡的物价差异见表 8.1，其中 RM=

马来西亚林吉特，S$= 新加坡元。

表8.1 马来西亚与新加坡的物价差异（2018年5月）

分类	马来西亚	新加坡	两者差异
低价餐馆两人餐	10.00RM (3.38S$)	44.41RM (15.00S$)	+344%
麦当劳套餐	13.00RM (4.39S$)	23.39RM (7.90S$)	+80%
本国啤酒（0.5L 装）	13.50RM (4.56S$)	29.60RM (10.00S$)	+119%
可口可乐/百事可乐（0.33L 瓶装）	2.27RM (0.77S$)	5.11RM (1.73S$)	+125%
水（0.33L 瓶装）	1.28RM (0.43S$)	3.86RM (1.30S$)	+201%
牛奶（普通 1L 装）	6.86RM (2.32S$)	9.26RM (3.13S$)	+35%
大米（白米 1kg）	3.94RM (1.33S$)	8.38RM (2.83S$)	+113%
鸡蛋（普通 12 枚）	5.22RM (1.76S$)	8.29RM (2.80S$)	+59%
苹果（1kg）	9.97RM (3.37S$)	13.64RM (4.61S$)	+37%
香蕉（1kg）	5.30RM (1.79S$)	8.20RM (2.77S$)	+55%
西红柿（1kg）	4.71RM (1.59S$)	8.06RM (2.72S$)	+71%
出租车起步价（正常费率）	3.00RM (1.01S$)	10.36RM (3.50S$)	+245%
汽油（1L）	2.22RM (0.75S$)	6.59RM (2.23S$)	+197%

（续表）

分类	马来西亚	新加坡	两者差异
大众高尔夫 1.4T 90kW（或与新车等同）	148,466.25RM (50,149.06S$)	355,259.90RM (120,000.00S$)	+139%
85m² 住房基本支出（电、制热、制冷、水、垃圾处理）	181.53RM (61.32S$)	431.64RM (145.80S$)	+138%
1min 预付本地移动资费（无折扣或无套餐）	0.26RM (0.09S$)	0.47RM (0.16S$)	+84%
网费（60 Mbps 或更多、无限流量、网线/DSL）	163.24RM (55.14S$)	138.32RM (46.72S$)	-15%
一个成人每月健身房费用	140.58RM (47.49S$)	407.48RM (137.64S$)	+190%
电影院国际影片（1 人次）	15.00RM (5.07S$)	35.53RM (12.00S$)	+137%
学前班（或幼儿园）、全天式、私立的，一个儿童一个月的费用	619.38RM (209.21S$)	2,828.03RM (955,26S$)	+357%
一条牛仔裤（李维斯 501 系列或类似商品）	218.93RM (73.95S$)	286.73RM (96.85S$)	+31%
一双男士商务皮鞋	258.82RM (87.42S$)	394.63RM (133.30S$)	+52%
市中心公寓（一居室）的月租金	1,462.67RM (494.06S$)	8,556.22RM (2,890.13S$)	+485%
市中心购买公寓，每平方米的价格	8640.44RM (2.918.58S$)	72,143.95RM (24,368.85S$)	+735%

通缩世博会

我经常看到一些文章会利用政府颁布的通货膨胀数据来比较过去和现在的生活成本。雅虎网曾发布过一项研究报告,名为《它现在值多少钱》(*What it Would Cost Today*),聚焦点为1939年在纽约法拉盛草原举行的世界博览会。这一篇研究报告非常打动我,因为1939年世界博览会召开时我还是一个被抱着参观展览的2岁小孩,对当时的大型建筑和密集的人群还有依稀的记忆。对于我父亲这样一个工资不高的工人来说,把包括我母亲、我和两个哥哥在内的整个家庭带来参观,这是相当奢侈的。报告中说,利用明尼阿波利斯联邦储备银行(Federal Reserve Bank of Minneapolis)提供的在线通货膨胀计算器来计算,如果一个游客在1939年的世界博览会上参观和吃饭花费了20美元,那么按照2016年的标准,他们在世博会上会花费大约340美元。报告指出,1939年世博会的基本门票为0.75美元,而2016年世博会的基本门票则为12.76美元,但就像今天的迪士尼乐园一样,如果加上内部所有额外的游乐设施和其他费用,总花销就要多得多了。明尼阿波利斯的统计人员认为,如果将这些额外费用包含在内，1939年0.75美元的"门票"价格会上升到20美元。如果把2016年参观世博会的额外费用包括在内，总费用将达到340美元。

根据圣路易斯联邦储备银行（Federal Reserve Bank of St. Louis）的数据，1939年"生产和非监督性制造业"的平均时薪为0.50美元，而2016年为20.48美元。假设每天工作8小时，1939年上述行业工人的平均日薪为4美元，而2016年为163.84美元。因此，如果世界博览会的基本门票费用为0.75美元，那么该费用便占到了1939年平均日薪的18%，但2016年时的门票价格却仅占平均日薪的8%。如果游客全身心地投入，参观包括基本门票在内的所有主要景点，那么20美元的总费用将是他们在1939年日薪的5倍，但在2016年，同样的体验却仅需花费他们日薪的2倍。这是一个很明显的通货紧缩范例。还有更重要的一点，2016年的世博会囊括了所有新型视觉和声音技术，为观众带来了与1939年的世博会相比完全不同的体验。我的父亲和母亲若能看到这些技术，一定会倍感惊奇，也会很高兴看到这些东西比过去便宜了很多。

将收入和成本联系起来

似乎所有关于通货膨胀的讨论都只集中在这一现象的一部分——商品和服务的价格上涨。然而，这种价格上涨对人们生活的实际影响究竟如何，却没有人恰当评测过。为了做到这一点，我们有必要将价格上涨与收入上涨进行比较。在进行这种比较的过程中，我发现在大多数情况下，平均收入的增长速度与价格上涨的速度相当，甚至更快。所以，从人类的角度来看，我曾经经历过、也正在经历着通货紧缩。通过将商品和服务的价值与购买这些商品和服务所需费用占实际收入的百分比联系起来，我可以证明，实际上，我们正处于一个通货紧缩的世界，也就是说，物价与收入之比正在下降。

通货紧缩给世界经济带来了积极的影响。如上所述，食品价格就是一个很好的例子。事实上，在 1960 年至 1980 年期间，食品价格曾出现了大幅下降，尽管在 20 世纪 90 年代末，出现了小幅度的上升，但从那时起，食品价格便一直保持着这种下降趋势。

通货紧缩的统计数据

我们几乎不可能获得足够的数据，用以比较商品和收入的增加。因为许多数据系列不包含相同的商品，而且商品和收入的数据来源年份也不匹配。因此，最好把重点放在食品产品类别上，因为这类商品的特征不会随着时间的推移而发生过大的变化。对于汽车、家用电器和其他制成品等项目，由于质量、效率和效用方面的巨大变化，在近年来出现了明显的通货紧缩情况。因此，如果考虑到这些商品质量和可靠性方面的改进，那我们就更有理由相信现在是处于一种通货紧缩的情况下了。

我能够获得美国、新加坡、日本和印度的匹配数据，但仅仅因为数据不足，各国数据每年的起始和结束日期都不同。在任何情况下，这些略显粗糙的统计数据都清楚地表明了全球通货紧缩的趋势。

美国的通货紧缩

根据美国劳工统计局的数据，在1972年至2017年期间，美国家庭在住房方面的支出从12%增加到17%，在养老金和保险方面的支出从7%增加到10%，在医疗保健方面的支出从5%增加到7%，而在娱乐、服装、食品和交通方面的支出则下降了。到2017年，服装支出占家庭总支出的百分比已从约12%下降到约3%。换句话说，这些生存必需品（除住房外）的消费已经下降，并逐渐在总支出中占较小的百分比。在住房方面，有数据显示，美国人享有世界上最大的平均住房面积，因此平均而言，美国人所拥有的已经远远超过了基本的住房需求。

在研究了1930年至2017年期间，美国各种食品商品的价格变化和普通雇员每月获得的平均工资的变化后，我发现工资的增长远远超过了食品价格的增长。我选取的一篮子商品包括面粉、家禽、牛肉、鸡蛋、咖啡、糖、奶酪和牛奶。在1930年至2017年期间，鸡蛋的价格变化最小，为283%；牛肉价格变化是最大，达到了1571%。按复合年增长率计算，鸡蛋的增幅是8%，牛肉的增幅是18%。因此，平均到所有商品上，每年价格的增长为13%。然而，在研究工资变化时，月平均工资增长幅度最小的是批发和零售业工人，为2752%；农业、林业和渔业工人最高，达到7333%。复合平均年增长率方面，批发和零售业工人最低，仅为22%；农业、林业和渔业工人依然为最高水平，为28%。总体而言，在1930年至2017年期间，所有工人的平均收入增长了3538%。当然，这远远超过了754%的食品价格变化，这无疑是实际发生通货紧缩的标志（见表8.2和表8.3）。

表8.2 1930年、2017年美国商品价格变化百分比

分类	面粉（每磅）	家禽肉（每磅）	牛肉（每磅）	鸡蛋（每打）	咖啡（每磅）	糖（每磅）	芝士（每磅）	牛奶（每夸脱）
1930年价格（美元）	0.05	0.37	0.34	0.34	0.34	0.34	0.34	0.34
2017年价格（美元）	0.47	1.90	5.68	5.68	5.68	5.68	5.68	5.68
单位价格变化百分比	840%	413%	1,571%	283%	283%	283%	283%	283%

所有食物价格变化百分比：754%
数据来源：美国劳工统计局

表8.3 1930年、2017年美国不同行业普通工人月薪变化

分类	1930年月薪（美元）	2017年月薪（美元）	月薪变化百分比
金融、保险、房地产业	1,973	59,000	2,890%
批发与零售业	1,569	44,742	2,752%
通信与公共能源业	1,499	70,995	4,636%
交通运输业	1,610	37,070	2,202%
建筑业	1,526	49,930	3,172%
矿业	1,424	77,138	5,317%
制造业	1,488	56,063	3,677%
农业、林业、渔业	388	28,840	7,333%

全行业平均月薪变化百分比：3,996%

数据来源：美国劳工统计局

新加坡的通货紧缩

我们对新加坡价格和收入变化的调查涵盖了 2001 年至 2017 年这一时期，这是可以获得可靠统计数据的时期。我收集了 27 种食品的价格，包括诸如泰国米、方便面、各种水果、糖、速溶咖啡等。然后，我查看了每月总收入的中位数，包括全职雇员居民雇主的公积金供款，涉及工种包括经理和行政管理人员、经营业主、专业人员、辅助专业人员和技术人员、文秘支持人员、服务和销售人员、工匠和相关行业工人、工厂和机器操作员和装配工，以及清洁工、工人和相关工作人员。2001 年至 2017 年期间，平均每月总收入的中位数增加了 52%。

在同一时期内，各种商品价格的平均上涨幅度也略高于 52%（见表 8.4 和表 8.5）。因此，从本质上讲，新加坡的居民收入与食品价格的上涨水平完全同步。

表8.4 2001年、2017年新加坡商品价格变化

分类	泰国香米（每5kg）	面包（每400g）	方便面（每5包）	猪肉（每1kg）	牛肉（每1kg）	鸡蛋（每10枚）	食用油（每2kg瓶装）	鱼（每1kg）
2001年价格（新元）	8.07	1.26	1.53	9.46	13.11	1.44	3.65	8.26
2017年价格（新元）	13.01	1.63	2.26	15.52	23.26	2.09	5.96	11.13
单位价格变化百分比	61%	29%	48%	64%	77%	45%	63%	35%

全部食品平均单位价格变化百分比：52%

表8.5　2001年、2017年新加坡不同行业普通工人月薪变化百分比

分类	经理和行政管理人员	经营业主	专业人员	辅助专业人员和技术人员	文秘支持人员	服务和销售人员	工匠和相关行业工人	工厂和机器操作员和装配工
2001年月薪（新元）	6,000	2,600	4,350	3,000	2,088	1,508	1,885	1,508
2017年月薪（新元）	10,714	4,000	7,225	4,297	2,916	2,340	2,670	2,000
月薪变化百分比	79%	54%	66%	43%	40%	55%	42%	33%

全行业平均月薪变化百分比：52%

日本的通货紧缩

在日本，我能从内务通信部下属的统计局（Statistics Bureau of the Ministry of Internal Affairs and Communications）、劳动和福利健康部（Ministry of Health, Labour, and Welfare）和东京统计年鉴（Tokyo Statistical Yearbook）中获得1963年至2017年期间的信息。

日本从20世纪中叶末期开始，民众职业方面发生了重大变化，从事农业的劳动力比例从大约40%下降到不足5%。但即便如此，食品价格的上涨还是远远低于工资的变化。

我重点关注的是一些基本物品的价格，如白面包、小麦粉、金枪鱼、牛肉、猪肉、西红柿、苹果、绿茶和清酒。值得注意，同时也很遗憾的是，大米这一重要物品在计算中被遗漏了，仅仅是由于控制价格会不自然地压低价格上涨的总体平均值，因此这恰恰在无意中证明了通货紧缩已经存在。盐和酱油等关键必需品的零售价格自20世纪80年代初以来便一直没有变化，1980年时，一部分物品的零售价格实际上有所下降。

我对一系列职业也进行了研究，包括文员、打字员、技术员、汽车司机、普通木匠、普通电工、牙医、药剂师、护士和高校教授。对于司机、木匠等劳动或技能密集型的职业，其平均工资在20世纪90年代左右达到顶峰，早于大学教授和牙医等知识密集型的职业。此外，在2000年后，各类职业工作者的工资普遍呈现轻微的下降趋势。

显然，日本的普通雇员并没有受到基本商品通货膨胀的影响。如对比不同职业人员的个人商品消费，可以发现在1963年至2017年期间，技术工人购买1千克金枪鱼的花销占月工资的百分比从1.8%降至0.7%，汽车司机则从1.4%降至0.7%，牙医从0.9%降至0.4%，护士从2.3%降至0.8%。就绿茶（日本饮食中非常重要的一部分）而言，在1963年至2017年期间，技术工人用于消费1千克绿茶的花销占月工资的百分比从2.1%下降到1.2%，汽车司机从1.7%下降到1.3%，牙医从1.1%下降到0.8%，护士从2.7%下降到1.5%等。总体而言，虽然食品价格在1963年至2017年期间上涨了405%，但工人平均每月现金收入上涨了1030%，远远超过了食品价格的涨幅。这是日本出现实际通货紧缩的一个明显迹象（见表8.6和表8.7）。

表8.6 1963年、2017年日本商品价格变化

分类	白面包 (1kg)	小麦粉 (1kg)	金枪鱼 (1kg)	牛肉 (1kg)	猪肉 (1kg)	西红柿 (1kg)	苹果 (1kg)	绿茶 (1kg)	清酒 (1L)
1963年价格（日元）	101.2	67.0	521.8	654.3	607.5	76.9	76.7	614.1	290.4
2017年价格（日元）	465.7	251.5	2,598.8	3,343.7	1,444.9	661.7	417.5	4,810.5	860.3
单位价格变化百分比	360%	275%	393%	411%	138%	760%	444%	683%	196%

全部商品平均单位价格变化百分比：405%

8 通货紧缩的奇妙世界

表8.7　1963年、2017年日本不同职业工作人员月薪变化

分类	文员	技术员	汽车司机	普通木匠	普通电工	牙医	药剂师	护士	高校教授
1963年月薪（日元）	23,610	28,720	36,919	34,489	32,262	58,491	32,929	22,651	77,720
2017年月薪（日元）	344,900	388,500	364,700	276,400	342,500	604,600	388,300	331,990	644,500
月薪变化百分比	1,361%	1,253%	88.8%	701%	962%	934%	1,079%	1,365%	729%

全行业平均月薪变化百分比：1,030%

印度的通货紧缩

据1960年至2010年间印度工资和商品价格数据，普通收入的工人在大米、小麦、高粱、小米和玉米等物品上的消费金额占工资的百分比实际上有所下降。当然，大米是印度饮食中的主食。高粱也是一种主食，尤其流行于

印度西部与南部地区，通常被磨成面粉后用于制作烤饼和其他面包。小米或珍珠小米也多被用于制作面包和粥。

统计数据显示，对于文职和相关工作人员来说，他们购买日用品的花费占收入的比例有所下降。在1960年，文职和相关工作人员在大米上的花费约占他们月工资的0.4%，而在2010年，这一比例下降到0.2%。小麦的消费比例从0.3%下降到0.1%，高粱从0.3%下降到0.1%，小米从0.3%降至0.1%。文职和相关工作人员对玉米的消费占比则从1960年月薪的0.2%，下降到2010年的0.1%。

即使对农民、渔民、猎人、伐木工人和相关工人来说，花销的减少也是明显的。在这一类从业人员中，1960年，对大米的消费支出占到了月薪的2.4%，但在2010年，这一比例仅有0.3%。小麦的消费比例则从1.8%降至0.2%，高粱从1.5%降至0.1%，小米从1.6%降至0.2%，对玉米的消费占比则从1960年月薪的1.2%，下降到2010年的0.2%。

如果我们观察非食品项目便会发现，在1960年，教职人员必须花费88个月的月薪或7年年薪才能买到一辆汽车，但在2010年，这一数字已经下降到33个月月薪或大约两年半年薪了。在1960年，一台台式电脑的价格是教师月薪的4441倍,但到了2010年下降到仅2倍。

在1960年,一名文职人员购买一辆汽车大约需要相当于他/她80倍月薪的费用,但到2010年,已降至47倍。在1960年,一台电脑的价格是文员月薪的4000倍,但到了2010年下降到仅3倍。

对于农民、渔民和相关工作人员来说,在1960年,他们必须花费444多个月月薪才能购买一辆汽车,但到了2010年,仅需要69个月的月薪便可以买到。在1960年,一台台式电脑的价格是其月薪的22,227倍,或者说年薪的1852倍,但到了2010年,价格下降到其4倍月薪,连半年薪水都不到了。

我从印度统计部(Ministry of Statistics)和印度劳工局(Labour Bureau of India)等渠道获得了1960年至2010年的历史工资价格。对于平均工资和薪金的数据,我能够获得教师、文职和相关工作人员、农民、渔民、猎人、伐木工人和相关工作人员、售货员、导购和其他销售人员、专业技术及相关工作人员、个人和保护服务人员的信息。

印度的统计数据是一个极具戏剧性的通货紧缩的实例。在1960年到2010年之间,虽然商品价格上涨了

2769%，但平均工资却上涨了13,036%（见表8.8和表8.9）。

表8.8 1960年、2010年印度商品价格变化百分比

分类	大米（1kg）	小麦（1kg）	高粱（1kg）	小米（1kg）	玉米（1kg）	全谷物（1kg）	汽车（Ambassador牌，1辆）	台式电脑（1台）
1960年价格（卢比）	0.63	0.48	0.41	0.43	0.33	0.54	12,000	600,000
2010年价格（卢比）	19.38	15.20	11.81	11.81	12.38	17.19	498,000	30,000
单位价格变化百分比	2,976%	3,067%	2,778%	2,647%	3,651%	3,083%	4,050%	-95%

全部商品平均价格变化百分比：2,769%

表8.9　1960年、2010年印度15岁至59岁不同职业普通工作人员月薪变化百分比

分类	教师	文职和相关工作人员	伐木工人和相关工作人员农民、渔民、猎人、	售货员、销售人员、导购和其他	个人和保护服务人员
1960年月薪（卢比）	135.1	150.9	27.0	77.0	47.9
2010年月薪（卢比）	14,979.4	10,586.2	7,213.2	4,911.4	6,937.8
月薪变化百分比	10.987%	6,915%	26,616%	6,278%	14,385%

全行业平均月薪变化百分比：13,036%

数据来源：印度统计部和印度劳工局

写在最后

即使我们接受这一点，许多时候人们对通货膨胀的

度量是存在问题的，但我们可以看到，在过去的50年里，一些商品的价格确实一直在上涨，而这些商品的属性几乎没有变化。但是，正如我在前文试图解释的：与这些价格上涨同时进行的还有工资的增加，并且在大多数情况下，工资的增长要高得多。因此，即使你有时不得不花费以前双倍的钱来购买鸡蛋，但如果你的工资在同一时期内也翻倍了，那么你的状况也不会比以前更糟。更重要的是，在同一时期，技术进步、创新和更有效的生产和分销环节，使得许多商品的价格降低。社会发展为我们打造了一个通货紧缩的世界，在这个世界中，我们的生活水平得到长足改善。通货紧缩不是经济放缓的标志，而是标志着创新、自动化和生产改进到达了空前水平。

9 结论

多年来，人类一直试图度量商品和服务的价格变化，但结果往往不尽如人意。复杂且重大的环境变化令统计学家和经济学家左右为难，商品和服务价格的变化难以准确度量，而在所谓的"通货膨胀"度量方面也困难重重。但无论如何，相关数据已经编制完成，而更重要的是，这些数据已被用来做出影响数百万人的重要政策决定。在20世纪90年代末和21世纪初，这些决定是由经济学家的普遍共识推动的，即轻微的（如2%）通货膨胀是一件好事，因为从理论上讲，它会带来更高的经济增长。他们还从理论上认为，过度的通货膨胀是不利的，因为它会对日常生活造成影响，并可能导致政治动荡。

居民消费价格指数等通货膨胀度量指标，作为政治决策的基础，长期面临着巨大困难。由于价格指数中的计价货币因政府操作而不断贬值，导致这种货币在民众中失去了可信度。统计人员要努力确保指数反映消费的变化，因此，指数本身的构成也在不断变化。当然，这意味着一个时期的指数将由不同的商品/服务组成，各品类权重也各不相同：这就像比较苹果和橙子一样。出于我在本书中讨论的这些以及其他原因，**通货膨胀**

统计数据并不能以可靠的方式准确地反映价格变化。

另一个重要现象是通货紧缩的加剧或商品和服务价格的下降。一系列长足发展，促使一种势不可挡的通货紧缩趋势产生。技术创新影响着我们生活的方方面面，从机器人技术到基因治疗。信息流的改善意味着我们正在以人类历史上前所未有的速度和数量来接收和处理信息，人工智能制造在不断改变，食品生产和分销也是如此。每年，智能手机的销售量超过15亿部。即使在世界最偏远的地方，也有智能手机的身影。这些智能手机的计算力远远超过了20年前开发的最大的计算机。可以说，作为生产力提高的结果，社会福利呈指数级增长，这是人类正在经历着的摩尔定律。

这些前所未有的创新、自动化和全球化进程持续推动着价格下降，同时，也使得许多商品和服务的质量大大提升。

在这样的环境下，在商品货币体系中，由于货币数量有限，因此就会出现价格下跌和通货紧缩。但是，随着我们纸币体系有弹性的、逐渐增加的货币供应，通货膨胀率一直在上升，在某些情况下已经飙升至恶性通货膨胀的水平。价格水平的可预测性已经下降，这是因为在部分准备金制度下,政府没有动力严格发行一定数量的货币来保持价格稳定。

然而,**通货膨胀率的增长并不是孤立的。工资和收入也一直在增长,而且在许多情况下,工资的增长速度更快**。与20年或50年前的工人相比,今天的工人攒钱购买新冰箱或电视机所用的时间会更短,而且今天,他们购买的商品也会更加先进。**相对于收入而言,许多商品和服务的价格并没有上升,相反,其价格实际上已经下降了,并会继续维持下降趋势**。

上述事态发展的最终结果是,我们正在经历的不是通货膨胀,而是通货紧缩。人们现在的生活比过去更好。创新和自动化推动了生产力提高和价格降低,人们的收入超过了他们所需要购买的东西和需要获得的服务的价格,这些将进一步改善人们的生活。这种通货紧缩现象将继续存在,并将在可预见的未来继续提高我们的生活水平。

欢迎来到通货紧缩的美妙世界!

后　记

2020年初，在本书手稿交到我的出版商手中后不久，新冠肺炎疫情爆发，世界为之一震，也改变了我们过去所熟悉的生活。每一天，都有数十万人的生命受到威胁。随着世界各地的政府纷纷进入前所未有的封锁状态，我们的经济系统受到了巨大影响。

在新冠肺炎疫情危机之后，很多人猜测全球经济将陷入衰退，同时，人们也预测这种衰退反过来也会导致增长和需求的式微，从而引发通货紧缩环境的出现。我们已经看到，危机的结果之一就是世界各地的股票和债券市场出现了短期的价格波动。

但本书讨论的重点会放在与经济和市场兴衰有关的长期趋势上。

我认为，我们一直过分看重通货膨胀的统计数据，但出于各种各样的原因，这些数据是错误的。尽管多年来各种危机造成了经济放缓的局面，但技术进步和自动化水平的提高也使得商品和服务的成本持续下降。同时，每年都有一波全新的商品进入消费舞台，改善了世界各地人们的生活。Zoom通信公司提供的电话会议服务是技术进步使成本降低的一个实例。这个会议应用程序的日活用户数从2019年12月的1000万，激增至2020年4月的3亿。这些新用户中有许多人使用的是免费的Zoom版本，而不是付费版本，也就是说他们没有为一项服务支付任何费用，而仅仅在10年或20年前，人们享受这类服务需花费数百甚至数千美元的电话费。正如本书中所写到的，要在通货膨胀统计中准确地描述这种持续不断的技术创新现象，即使不是不可能，也一定是具有挑战性的。

本书的另一个论点是，构成居民消费价格指数计算基础的商品和服务的"篮子"是不断变化的，因此，1900年的篮子与1950年的篮子不同，1950年的篮子与2000年的篮子也不同。但其中的问题在于，我们比较的篮子是针对不同商品和服务的，这使得一切比较都变得似乎缺乏了意义。此外，随着消费模式的不断变化，在追踪"典型"消费模式方面，篮子总是落后一步。

多年来，我们看到人们的工作、购物和消遣方式发生了深远的变化，这反过来又导致了消费模式的重大变化，在某些情况下，价格是在迅速变化的。某些商品已经从货架上消失了，许多服务也不再提供。因此,基于"旧"篮子的计算不再反映一个"典型"的个人消费者福利的变化，因为之前定义的"典型"消费行为已经不再一样了。

如果通胀统计数据不能准确反映人民社会福利的变化，那么坚持通胀目标就没有意义了。各国央行直到2020年才以惨痛的方式认识到了这一点——他们的金融工具被一再证明在影响通胀数字方面越来越乏力。我们需要认识到的是，我们有必要对通货膨胀目标的神圣地位提出质疑，并重新思考我们长期以来几乎盲目遵循的方法。

本书旨在帮助破解通货膨胀的迷思，并为未来制订通货膨胀政策提供一些思考空间，这些政策正在对遍布世界各地的我们的日常生活产生重大影响。更重要的是，我想证明，事实上，我们正处于一个通货紧缩的世界，商品和服务的质量和种类都在提高，而其花费占人们收入的百分比却在下降。